CB010212

Para

com votos de paz.

Equipe do Projeto
Manoel Philomeno de Miranda

Terapia Pelos Passes

Salvador
10. ed. – 2024

COPYRIGHT © (1996)
CENTRO ESPÍRITA CAMINHO DA REDENÇÃO
Rua Jayme Vieira Lima, 104
Pau da Lima, Salvador, BA.
CEP 412350-000
SITE: https://mansaodocaminho.com.br
EDIÇÃO: 10. ed. (4ª reimpressão) – 2024
TIRAGEM: 3.000 exemplares (milheiro: 50.800)
COORDENAÇÃO EDITORIAL
Lívia Maria C. Sousa

REVISÃO
Luciano Urpia
CAPA
Cláudio Urpia
MONTAGEM DE CAPA
Ailton Bosco
EDITORAÇÃO ELETRÔNICA
Ailton Bosco
COEDIÇÃO E PUBLICAÇÃO
Instituto Beneficente Boa Nova

PRODUÇÃO GRÁFICA
LIVRARIA ESPÍRITA ALVORADA EDITORA – LEAL
E-mail: editora.leal@cecr.com.br

DISTRIBUIÇÃO
INSTITUTO BENEFICENTE BOA NOVA
Av. Porto Ferreira, 1031, Parque Iracema. CEP 15809-020
Catanduva-SP.
Contatos: (17) 3531-4444 | (17) 99777-7413 (WhatsApp)
E-mail: boanova@boanova.net
Vendas on-line: https://www.livrarialeal.com.br

Dados Internacionais de Catalogação na Publicação (CIP)
(Catalogação na fonte)
BIBLIOTECA JOANNA DE ÂNGELIS

F825	FRANCO, Divaldo Pereira. (1927)
	Terapia pelos passes. 10. ed. / Divaldo Pereira Franco [et al.] [psicografado por] Salvador: LEAL, 2024.
	144 p.
	ISBN: 978-85-8266-229-8
	1. Espiritismo 2. Passe 3. Fraternidade 4. Mediunidade I. Neves, João II. Azevedo, Geraldo III. Calazans, Nilo IV. Ferraz, José V. Título
	CDD: 133.90

Bibliotecária responsável: Maria Suely de Castro Martins – CRB-5/509

DIREITOS RESERVADOS: todos os direitos de reprodução, cópia, comunicação ao público e exploração econômica desta obra estão reservados, única e exclusivamente, para o Centro Espírita Caminho da Redenção. Proibida a sua reprodução parcial ou total, por qualquer meio, sem expressa autorização, nos termos da Lei 9.610/98.
Impresso no Brasil | Presita en Brazilo

SUMÁRIO

Apresentação *7*

Terapia pelos passes *9*

1   Breve histórico do magnetismo 13

2   Interação Espírito, perispírito e corpo 23

3   Fluidos 37

4   Mediunidade curadora e cirurgias espirituais 45

5   Objetivos, mecanismos de ação e resultados 61

6   O dar e o receber 69

7   A respeito das técnicas 81

8   Entrevista com Divaldo Franco 95

9   Passes em reuniões mediúnicas (Entrevistas) 117

10 A ajuda de Deus 129

11 Dados biográficos de Manoel P. de Miranda 135

APRESENTAÇÃO

*U*m número crescente de pessoas corre às casas espíritas trazendo desarmonias íntimas, com reflexos no organismo físico, na emoção e na mente, vinculadas, não raro, a processos de influenciações espirituais sutis e perturbadoras. Essas pessoas outra coisa não aspiram senão a receber o auxílio necessário para que possam recuperar a saúde e o equilíbrio, momentânea ou demoradamente abalados, retornando à normalidade existencial.

Conquanto a diversidade de terapias e técnicas alternativas, novas e velhas, que têm sido postas à disposição da criatura humana aturdida dos nossos dias, respeitável a maioria delas, é o passe, sem dúvida, a que mais se ajusta aos procedimentos inferidos do Evangelho de Jesus e da Doutrina Espírita – esta o prosseguimento daquele –, principalmente por seu caráter interativo, em que a cura não é colocada como um mecanismo frio de manipulações de técnicas, pura e simplesmente, mas um ato humano de doação e recepção, acompanhado por uma manifestação mediúnica sutil e amorosa, em que o doador e o *receptor encarnados se integram numa busca que transcende a eles mesmos para contatarem os bons Espíritos, fechando um circuito de forças que atrai as energias divinas restauradoras do equilíbrio físico e psíquico, para que se concretize a saúde integral nos departamentos da alma e do corpo.*

Através deste pequeno livro, a equipe do Projeto Manoel Philomeno de Miranda coloca algumas informações doutrinárias que reputa importantes e propõe reflexões indispensáveis para motivar os lidadores dos serviços de passes a bem cumprirem suas tarefas, munindo-os de elementos úteis para o labor.

Os assuntos discorridos não têm qualquer sabor de novidade, constituindo-se, antes, num pequeno manual de consulta para ser lido e lembrado a qualquer hora, ainda porque obras de maior amplitude e de mais extensa fundamentação estão disponíveis para aqueles que desejam mais detalhadas informações, a muitas das quais nós próprios recorremos para a sua elaboração.

É um trabalho muito mais de pesquisa do que de criação, calcado nas obras básicas da Codificação e noutras, subsidiárias, principalmente de André Luiz e de Manoel Philomeno de Miranda, este último, o querido benfeitor a quem tomamos como patrono para o Projeto.

A nossa gratidão aos bons Espíritos que nos têm ajudado a filtrar um pouco da inspiração, que atravessa com dificuldade o nosso vaso orgânico impuro, para que não nos percamos no labirinto de nós mesmos.

Salvador, abril de 1996.
Equipe do Projeto
Manoel Philomeno de Miranda

TERAPIA
PELOS PASSES

À medida que se vulgarizam e recebem aceitação as terapias alternativas, objetivando a saúde real, a técnica do amor ganha prestígio, por constatar-se que o fulcro de irradiação do pensamento mantém estreito intercâmbio com a emoção.

Quanto mais expressiva a quota de amor, irradiando-se em forma de energia positiva, mais favoráveis se fazem os resultados terapêuticos nos tentames de auxílio ao próximo.

O amor lúcido carreia forças plenificadoras que robustecem as áreas psíquica, emocional e física daquele a quem são dirigidas.

Sendo a chave simbólica para a solução dos mais intrincados problemas, ele exterioriza simpatia em sucessivas ondas de renovação que penetram o paciente, revigorando-o para o prosseguimento dos compromissos assumidos.

A canalização do amor é decorrência do pensamento que se sensibiliza pela emoção, exteriorizando força psíquica complementadora, que se dirige no mesmo rumo da afetividade.

Toda vez que Jesus foi convocado a curar, procurou despertar o suplicante para a responsabilidade da saúde, para o compromisso com a vida. Invariavelmente interrogava-o, se queria realmente curar-se e, após anuência, mediante o

Projeto Manoel P. de Miranda / Divaldo Franco

toque do amor, Ele recuperava os órgãos afetados, restabelecendo a harmonia no ser, cuja preservação, a partir daí, dependia do mesmo.

Tocando o doente, suavemente, sem complexidades no gesto, desejando e emitindo o pensamento curador, alongando-se psiquicamente até o necessitado, onde estivesse, o Seu amor reabilitava, recompunha, liberava, sarava enfim.

A incontestável força da mente ora demonstrada em inúmeras experiências de laboratório, decorre da sua educação e da canalização que se lhe oferece, favorecendo alcançar o alvo ao qual se dirige.

O sentimento de amor que a comanda é complemento essencial para o logro da finalidade a que se destina.

Não obstante, na terapia através dos passes, além da energia mental e do sentimento de afetividade, são inestimáveis outros recursos que lhe formam e definem a qualidade superior.

Referimo-nos às aspirações íntimas, aos anseios emocionais que devem viger em todo aquele que se candidata ao labor da transfusão da bioenergia curadora.

O pensamento exterioriza o somatório das vibrações do psiquismo e, como é natural, torna-se indispensável que essas sejam constituídas de recursos positivos e saudáveis, sem as pesadas cargas deletérias dos vícios e dependências perturbadoras.

Cada qual é o que cultiva; exterioriza aquilo que elabora.

Não há milagre transformador de caráter vicioso, num momento produzindo energias salutares que não existem naquele que pretende improvisá-las.

Todo recurso é resultado do esforço e a força psíquica se deriva dos conteúdos das ações realizadas.

Quem, portanto, deseja contribuir na terapia socorrista mediante os passes, despreocupa-se das fórmulas e das aparên-

10

cias, perfeitamente dispensáveis, para cuidar dos recursos morais e espirituais, que devem ser desenvolvidos em si mesmo.

Tabaco, alcoólicos, drogas aditivas são grandemente perniciosos aos pacientes que lhes recebem as cargas de natureza tóxica. Igualmente, as emanações do desregramento sexual, dos distúrbios de comportamento emocional, da intriga, da maledicência, do orgulho, do ódio e seus famanazes tornam-se de caráter destrutivo, que irão agravar o quadro daqueles que se lhes submetem.

Na terapia pelos passes, torna-se imprescindível a sintonia do doador com o passivo, a receptividade do paciente em relação ao agente, sem o que os resultados se tornam inócuos, quando não decepcionantes.

A pedra que não tem poros, após milênios mergulhada no oceano, ao ser partida, apresenta-se seca no seu interior.

Ame-se e cure-se, quem deseje participar da solidariedade humana, no ministério do socorro aos enfermos, a fim de melhor ajudar.

Exteriorize o amor e anele firmemente pela saúde do próximo, deixando-se penetrar pela energia divina de que se fará instrumento, e, exteriorizando-a com a sua própria vibração, atenda aos irmãos enfraquecidos na luta, caídos na jornada, desorganizados nas paisagens do equilíbrio.

A terapia pelos passes é doação de amor e de saúde pessoal, dispensando quejandos e aparatos mecânicos de sugestão exterior.

Manoel Philomeno de Miranda[1]

---

1. Página psicografada pelo médium Divaldo Pereira Franco, em 11/11/1992, no Centro Espírita Caminho da Redenção, em Salvador, BA (nota dos autores).

1

BREVE HISTÓRICO DO MAGNETISMO

Adilton Pugliese

Identificar as origens da terapia espírita conhecida como *passe* é realizar longa viagem aos tempos imemoriais, aos horizontes primitivos da pré-história, porquanto essa técnica de cura está presente em toda a história do homem.

Desde essa época remota, o homem e os animais já conviviam com o acidente e com a doença. Pesquisas destacam que os dinossauros eram afetados por tumores na estrutura óssea; no homem do período paleolítico há evidência de tuberculose da espinha e de crises epilépticas. (AME/SP. Boletim Médico-Espírita – 1985).

Herculano Pires diz que o *passe* nasceu nas civilizações antigas, como um ritual das crenças primitivas. A agilidade das mãos sugeria a existência de poderes misteriosos, praticamente comprovados pelas ações cotidianas da fricção, que acalma a dor. As bênçãos foram as primeiras manifestações típicas dos passes. O selvagem não teorizava, mas experimentava, instintivamente, e aprendia a fazer e a desfazer as ações com o poder das mãos.

No Antigo Testamento encontramos a expectativa de Naamã: *"Eis que pensava eu: Certamente ele sairá a ter comigo, pôr-se-á em pé, invocará o nome do Senhor seu Deus, passará a sua mão sobre o lugar, e curará o leproso."* (II Reis, 5: 11). Na Caldeia e na Índia, os magos e brâmanes, respectivamente, curavam pela aplicação do olhar, estimulando a letargia e o sono. No Egito, no templo da deusa Ísis, as multidões aí acorriam, procurando o alívio dos sofrimentos junto aos sacerdotes, que lhes aplicavam a imposição das mãos. Dos egípcios, os gregos aprenderam a arte de curar. O historiador Heródoto destaca, em suas obras, os santuários que existiam nessa época para a realização das *fricções magnéticas.* Em Roma, a saúde era recuperada através de *operações magnéticas.* Galeno, um dos pais da Medicina moderna, devia sua experiência na supressão de certas doenças de seus pacientes à inspiração que recebia durante o sono. Hipócrates também vivenciou esses momentos transcendentais, bem como outros nomes famosos, como Avicena, Paracelso...

Baixos-relevos descobertos na Caldeia e no Egito apresentam sacerdotes e crentes em atitudes que sugerem a prática da hipnose nos tempos antigos, com finalidades certamente terapêuticas.

Com o passar dos tempos, curandeiros, bruxas, mágicos, faquires e até mesmo reis (Eduardo, O Confessor; Olavo, Santo Rei da Noruega, e vários outros) utilizavam os *toques reais.*

Depreendemos, a partir desses breves registros, que a arte de curar através da influência magnética era prática normal desde os tempos antigos, sobretudo à época de Jesus, quando os Seus seguidores exercitavam a técnica da

Terapia pelos passes

cura fluídica através das mãos. No Novo Testamento vamos encontrar o momento histórico do próprio Mestre em ação: *"Jesus, estendendo a mão, tocou-lhe, dizendo: – Quero, seja purificado! – E imediatamente sua lepra foi purificada."* (Mateus, 8: 3; Marcos, 1: 41; Lucas, 5: 13) Os processos energéticos utilizados pelo Grande Mestre da Galileia são ainda uma incógnita. O *talita kume,* ecoando através dos séculos, causa espanto e admiração. A uma ordem do Mestre, levanta-se a menina dada como morta, pranteada por parentes e amigos.

Todos esses fatos longínquos pertencem ao período anterior a Franz Anton Mesmer, nascido a 23/05/1733, em Iznang-Duabia, Alemanha. Educado em colégio religioso, estudou Filosofia, Teologia, Direito e Medicina, dedicando--se também à Astrologia.

No século XVIII, Mesmer, após estudar a cura mineral magnética do astrônomo jesuíta Maximiliano Hell, professor da Universidade de Viena, bem como os trabalhos de cura magnética de J.J. Gassner, divulgou uma série de técnicas relativas à utilização do magnetismo humano, instrumentalizado pela imposição das mãos. Tais estudos levaram-no a elaborar a sua tese de doutorado – *De Planetarium Inflexu, em 1766* – de cujos princípios jamais se afastou. Mais tarde, assumiram destaque as experiências do Barão de Reichenbach e do Coronel Alberto de Rochas.

Mesmer admitia a existência de uma *força magnética* que se manifestava através da atuação de um *fluido universalmente distribuído, que se insinuava na substância dos nervos e dava ao corpo humano propriedades análogas às do ímã.* Esse fluido, sob controle, poderia ser usado com *finalidade terapêutica.*

Grande foi a repercussão da doutrina de Mesmer, desde a publicação, em 1779, das suas proposições: *A memória sobre a descoberta do magnetismo animal*, passando, em seguida, a ser alvo de hostilidades e, em face das surpreendentes experiências práticas de terapia, conseguindo curas consideráveis, na época vistas como maravilhosas, transforma-se em tema de discussões e estudos.

Em breve, formaram-se dois campos: os que negavam obstinadamente todos os fatos, e os que, pelo contrário, admitiam-nos com fé cega, levada, algumas vezes, até a exageração.

Enquanto a Faculdade de Medicina de Paris proibia qualquer médico declarar-se partidário do Magnetismo Animal, sob pena de ser excluído do quadro dos doutores da época, um movimento favorável às ideias de Mesmer levava à formação das *Sociedades Magnéticas*, sob a denominação de *Sociedades de Harmonia*, que tinham por fim o tratamento das moléstias.

Em França, por toda parte, curava-se pelo novo método. *"Nunca* – diria Du Potet – *a Medicina ordinária ofereceu ao público o exemplo de tantas garantias"*,[2] em face dos relatórios confirmando as curas, que eram impressos e distribuídos em grande quantidade para esclarecimento do povo. Como destacamos, o magnetismo era tema principal de observação e estudos, sendo designadas comissões para estudar a realidade das técnicas mesmerianas, atraindo a atenção de leigos e sábios. Em 1831, a Academia de Ciências de Paris, reestruturando os fenômenos, reconhece os fluidos magné-

---

2. *Biografia Barão du Potet*. Disponível em: <http://espiritaespiritis-moberg.blogspot.com.br/2012/10/barao-du-potet-1786-1881.html>. Acesso em: 15/02/2017 (nota dos autores).

Terapia pelos passes

ticos como realidade científica. Em 1837, porém, retrata-se da decisão anterior e nega a existência dos fluidos.

Deduz-se que essa atitude dos relatores teria sido provocada pela forma adotada pelos magnetizadores para tornar popular a novel doutrina: explorando o que se chamou de a *magia do magnetismo*, utilizando pacientes sonambúlicos, teatralizando a série de fenômenos que ocorriam durante as sessões, e as *encenações ruidosas*, que ficaram conhecidas como a *Câmara das Crises* ou *O Inferno das Convulsões*, tendo como destaque central a *Tina de Mesmer* – uma grande caixa redonda feita de carvalho, cheia de água, vidro moído e limalha de ferro, em torno da qual os doentes, em silêncio, davam-se as mãos, e apoiavam as hastes de ferro, que saíam pela tampa perfurada, sobre a parte do corpo que causava dor. Todos eram rodeados por uma corda comprida que partia do reservatório, formando a *corrente magnética*.

Todo esse aparato, porém, não era apropriado para convencer os observadores do efeito eficaz e positivo das *imposições* e dos *passes*.

Ipso facto, as comissões se inclinaram pela condenação do Magnetismo, considerando que as virtudes do tratamento ficavam ocultas, enquanto os processos empregados estimulavam desconfiança e descrédito.

Os seguidores de Mesmer, entretanto, continuaram a pesquisar e a experimentar.

O Marquês de Puységur descobre, à custa de sugestões tranquilizadoras aos magnetizados, o estado sonambúlico do hipnotismo; seguem os seus passos Du Potet e Charles Lafontaine.

No sul da Alemanha, o padre Gassner leva os seus pacientes ao estado cataléptico, usando fórmulas e rituais, admitindo a influência espiritual.

Em 1841, um médico inglês, o Dr. James Braid, de Manchester, surpreendeu-se com a singularidade dos resultados produzidos pelo conhecido magnetizador Lafontaine, assistindo uma de suas sessões públicas, ao agir sobre os seus pacientes, fixando-lhes os olhos e segurando--lhes os polegares.

Braid, em seus trabalhos e escritos científicos, procurou explicar o estado psíquico em especial, que era comum nos fenômenos ditos magnéticos, sonambúlicos e sugestivos. Em seus derradeiros trabalhos passou a admitir a hipótese de dois fenômenos de efeitos semelhantes: um hipnótico normal, devido às causas conhecidas e um magnético, paranormal, a exemplo da visão a distância e a previsão do futuro.

Outros pesquisadores seguiram-no: Charcot, Janet, Myers, Ochorowicz, Binet e outros.

Em 1875, Charles Richet, então ainda estudante, busca provar a autenticidade científica do estado hipnótico, que segundo ele, mais não era que *"um estado fisiológico normal, no qual a inteligência se encontrava apenas exaltada."*

Antes, porém, em Paris, o Magnetismo também atraíra a atenção do pedagogo, homem de ciências, Professor Hippolyte Léon Denizard Rivail. Consoante o Prof. Canuto Abreu, em sua célebre obra *O Livro dos Espíritos e sua Tradição Histórica e Lendária*, Rivail integrava o grupo de pesquisadores formado pelo Barão Du Potet (1796 – 1881), adepto de Mesmer, editor do *Journal du Magnétisme* e dirigente da Sociedade Mesmeriana. Na página 139 dessa

Terapia pelos passes

elucidativa obra, depreende-se que o Prof. Rivail frequentava, até 1850, sessões sonambúlicas, em que buscava "solução para os casos de enfermidades a ele confiados", embora se considerasse modesto magnetizador.

Os vínculos do futuro codificador da Doutrina Espírita com o Magnetismo ficam evidenciados nas suas anotações íntimas, constantes de *Obras Póstumas*, relatando a sua iniciação no Espiritismo, quando, em 1854, interessa-se pelas informações que lhe são transmitidas pelo magnetizador Fortier sobre as mesas girantes, que diz: *"Parece que já não são somente as pessoas que se podem magnetizar..."* (KARDEC, Allan. *Obras póstumas*, 2ª Parte, cap. 1). Sentindo-se à vontade nesse diálogo com o então pedagogista Rivail. São dois magnetizadores, ou passistas, que se encontram e abordam questões do seu íntimo e imediato interesse.

Mais tarde, ao escrever a edição de março de 1858 da *Revista Espírita*, quase um ano após o lançamento de *O Livro dos Espíritos*, em 18/04/1857, Kardec destacaria:

O Magnetismo preparou o caminho do Espiritismo [...] Dos fenômenos magnéticos, do sonambulismo e do êxtase às manifestações espíritas [...], sua conexão é tal que, por assim dizer, é impossível falar de um sem falar do outro.

E conclui, no seu artigo:

Devíamos aos nossos leitores esta profissão de fé, que terminamos com uma justa homenagem aos homens de convicção que, enfrentando o ridículo, o sarcasmo e os dissabores, dedicaram-se corajosamente à defesa de uma causa tão humanitária.

Projeto Manoel P. de Miranda / Divaldo Franco

É o depoimento inconteste do valor e da profunda importância da terapia através dos passes, e, mais tarde, em 1868, ao escrever a quinta e última obra da Codificação, *A Gênese*, abordaria ele a "momentosa questão das curas através da ação fluídica", destacando que:

> Todas as curas desse gênero são variedades do Magnetismo, diferindo apenas pela potência e rapidez da ação. O princípio é sempre o mesmo: é o fluido que desempenha o papel de agente terapêutico, e o efeito está subordinado à sua qualidade e circunstâncias especiais. (KARDEC, Allan. *Revista Espírita* - 1868.)

Os *passes* têm percorrido um longo caminho desde as origens da Humanidade, como prática terapêutica eficiente, e, modernamente, estão inseridos no universo das chamadas *terapêuticas espiritualistas*.

Tem sido exitosa, em muitos casos, a sua aplicação no tratamento das perturbações mentais e de origem patológica.

Praticado, estudado, observado sob variáveis nomenclaturas, a exemplo de *magnoterapia, fluidoterapia, bioenergia, imposição das mãos, tratamento magnético, transfusão de energia psi*, o passe vem notabilizando a sua qualidade terapêutica, destacando-se seus desdobramentos em *passe espiritual (energias dos Espíritos), passe magnético (energias do médium) e passe mediúnico (energias dos Espíritos e do médium)*, constituindo-se, na atualidade, em excelente terapia praticada largamente nas Instituições Espíritas.

Amparado por suporte científico, graças, sobretudo, às experiências da *Kirliangrafia* ou *efeito Kirlian*, de que se têm ocupado investigadores da área da Parapsicologia, e às novas descobertas da Física no campo da energia, vem

Terapia pelos passes

obtendo a aceitação e a prescrição de profissionais dos quadros da Medicina, sobretudo da psiquiátrica, confirmando a excelência do Espiritismo, que explica a etiologia das enfermidades mentais e oferece amplas possibilidades de cura desses distúrbios psíquicos, ampliando a ação terapêutica da Psicoterapia moderna.

2

INTERAÇÃO ESPÍRITO, PERISPÍRITO E CORPO

Ednildo Andrade Torres
João Neves da Rocha
Edilton Costa Silva

A origem de tudo o que existe é Deus, fonte de infinito poder, que no ato da Criação faz surgir o Espírito – princípio gerador das individualidades inteligentes, incorpóreas, que povoam o Universo – e o fluido universal, fonte de onde se organizam todas as coisas, em gradações potencialmente decrescentes até a matéria.[3]

Essas duas expressões da Criação Divina (Espírito e matéria) jamais se revelam de forma separada, a não ser pelo pensamento, pois que em Deus tudo é unificado. Há de ter sido por isso que os Espíritos que ditaram a Codificação definiram matéria simplesmente como o "laço que prende o Espírito."[4]

---

3. KARDEC, Allan. *O Livro dos Espíritos*, 1ª Parte, cap. II, questão 27. Brasília: FEB, 2013.
4. Idem, ibidem, questão 22 (notas dos autores).

Deus, Espírito e matéria – a trindade universal. De modo semelhante, trinitário é o homem, na sua constituição de Espírito, perispírito e corpo físico, perfeitamente integrados e articulados a serviço do ser imortal, no papel que incumbe executar na obra da Criação.

ESPÍRITO

É a parte inteligente, correspondente à mente, que se constitui o seu reflexo nos planos dos fenômenos, e donde se projeta a consciência para a personalidade temporária em cada estágio evolutivo do ser integral a que nos referimos. Nesse ser em desenvolvimento, manifestam-se dois níveis mentais, interagindo um sobre o outro, incessantemente, o consciente e o inconsciente, este último muito mais amplo e complexo, por ser o armazém de todas as experiências individuais. Pode-se dizer, figurativamente, que o consciente está para o inconsciente assim como a casca da laranja está para o restante do fruto.

Como forças atuantes no Espírito encarnado, temos o pensamento, o sentimento e a vontade, que, em conjunto, desempenham um papel muito importante na transmissão de energias curadoras, ao formarem a corrente mental que, sob o comando da vontade, vai agir sobre a matéria e sobre os fluidos para transformá-los.

É por essa corrente mental que vibram as estruturas energéticas do perispírito, acionando, por sua vez, o sistema nervoso, no campo físico, para que o Espírito tome conhecimento do que se passa no corpo somático e além dele, enviando-lhe ordens e estímulos para regular a sua ação.

PERISPÍRITO

É o envoltório do Espírito, parte intermediária entre ele e o corpo físico. Kardec o definiu magistralmente no capítulo XIV, item 7 de *A Gênese* como: *"Fluido cósmico em torno de um foco de inteligência."* Antes de outras considerações sobre o perispírito, que adiante colocaremos, precisamos nos reportar a uma outra estrutura que funciona como encaixe entre o perispírito e o corpo: é o que se chama fluido vital. Essa estrutura foi apresentada a Allan Kardec como princípio vital, uma modificação oriunda do fluido universal, que determina o fenômeno da vida quando agindo em associação com a matéria.[5] Esse princípio é ainda matéria, embora organizada em expressões vibratórias que ultrapassam os limites de percepção até então utilizados pela criatura humana.

FLUIDO VITAL E AURA

O princípio vital se objetiva nos seres vivos através de um campo denominado *duplo etérico* ou *corpo vital*, o qual, no dizer de André Luiz, é constituído de eflúvios de natureza neuropsíquica, emanados do conjunto de células, com a função de assegurar o equilíbrio entre a alma e o corpo. Essas energias penetram o corpo físico e se irradiam para além dele, podendo ser absorvidas parcialmente por outros seres vivos ou se espraiar em campos mais amplos, voltando ao reservatório de origem.

---

5. KARDEC, Allan. *O Livro dos Espíritos*, cap. 14, questões 60 a 70. Brasília: FEB, 2013 (nota dos autores).

Nos seres humanos, essas irradiações são modeladas pela força plasmadora do Espírito, refletindo-se à visão psíquica como aura, uma formação ovoide, de tonalidades coloridas, que sofre influências marcantes dos estados orgânicos (corpo somático) e dos pensamentos elaborados pela alma. A aura, através de suas cores, texturas e formato, representa a ficha de identificação de cada ser, pois ali estão assinalados o estágio moral, o emocional, a saúde e a doença, marcando nossas vitórias ou revelando nossas misérias, que são arremessadas na rota de outros seres.

CENTROS DE FORÇA OU CHACRAS

Nos limites externos da aura pode-se perceber a presença de vórtices energéticos, encarregados de canalizar para o corpo físico as energias que transitam pelo perispírito, oriundas de elaborações, sínteses ou absorções do Espírito. São os centros vitais ou chacras. Esses redemoinhos se definem à visão dos clarividentes como estruturas em forma de sinos com as bocas voltadas para o plano de maior energia (o astral ou espiritual) e afunilando-se na direção do plano de menor energia (o físico), onde essas energias emergem através dos plexos nervosos, para conduzir aos diversos departamentos da atividade orgânica as correntes de vitalidade, energias cósmicas de variada ordem, ondas-pensamentos e a manifestação da própria Divindade, convertida na luz de amor que anima todos os seres do Universo.

A distribuição desses vórtices, vistos também em forma de discos ou rodas (*chakras*, em sânscrito) ao longo da medula, lembra um talo sustentando flores de corolas

Terapia pelos passes

abertas. Essa é uma visão poética do pensamento esotérico[6] que nos conduz a uma percepção simbólica de que as incontáveis ramificações nervosas, a partir dos plexos, são como raízes de uma árvore (a alma) plantada no solo da carne para produzir o fruto da vida.

São sete os chacras mais importantes. A contar de baixo para cima, temos o primeiro deles situado na base da coluna vertebral, denominado *genésico*, por estar relacionado com a modelagem de novas formas, regulando a atividade reprodutora, além de engendrar, na expressão de Joanna de Ângelis, *"o perfeito entrosamento dos seres na construção dos ideais de engrandecimento e beleza em que se movimenta a Humanidade."*[7] Logo a seguir vem o *gástrico*, à altura do plexo solar, encarregado dos fenômenos da digestão e absorção de alimentos, físicos ou mesmo fluídicos, daí seu relacionamento com emoções primitivas, percebidas muito mais como sensações do que como impulsos de elevação; passamos ao *esplênico*, na correspondência com o baço e, por isso mesmo, vinculado ao sistema hemático, tendo ainda, para alguns, a função de especializar e difundir a vitalidade oriunda do Sol, na direção dos demais centros; o passo seguinte é o *cardíaco*, entre o esterno e o coração, responsável pelo controle da emotividade superior e a elaboração dos sentimentos; um pouco mais acima, o *laríngeo*, controlador da respiração e fonação; e, já na altura da caixa craniana, o *cerebral*, situado na base do nariz, entre as sobrancelhas, por isso chamado de *terceiro olho*, relacionado diretamente com

---

6. LEADBEATER, C.W. *Os chakras*, cap. 1. São Paulo: Ed. Pensamento (nota dos autores).

7. FRANCO, Divaldo; ÂNGELIS, Joanna de [Espírito]. *Estudos Espíritas*. Brasília: FEB, 2011, cap. 4.

a atividade glandular interna, além do governo do córtex encefálico e da atividade sensorial de um modo geral; por fim alcança-se o topo, no alto da cabeça, onde se destaca o *coronário*, sede do comando de todos os demais e canal para os estímulos do Plano superior, garantindo o alimento divino que supre a consciência enclausurada na carne. Quando este vórtice se projeta vigorosamente na direção da pineal, energizando-a, abre-se gloriosamente a mediunidade santificada a serviço dos ideais de enobrecimento.

O dinamismo desses vórtices determina o surgimento de radiações secundárias no interior deles (como raios que partem do eixo de uma roda em movimento). Esse aspecto conduziu à denominação simbólica dos *chacras* como se fossem formados de pétalas, a partir da corola de uma flor. Assim, o *genésico* seria uma flor de quatro pétalas, e o *coronário,* uma de mil, expressando com isso o dinamismo diferenciado de cada um deles. Pastorino prefere utilizar uma imagem mais mecânica, comparando esses segmentos dentro dos chacras às pás ou hélices de exaustores ou exaustores-ventiladores.[8]

J. Raul Teixeira, reportando-se à interdependência dos centros vitais, a partir do comando exercido pelo coronário, projeta a imagem de cisternas, reservatórios, interligados entre si de tal forma que a realimentação permanente do reservatório principal vai permitindo o escoamento controlado para os demais, regulando, desse modo, o consumo e garantindo a irrigação total das áreas sob a influência de cada um.[9]

---

8.   PASTORINO, C. T. *Técnicas da Mediunidade*, cap. Plano astral.
9.   FRANCO, D. P. e TEIXEIRA, J. R. *Diretrizes de Segurança*, questão 28. Niterói: Ed. Fráter, 2002 (notas dos autores).

Nas atividades do passe, o suprimento de forças ao *coronário* pode ser o suficiente para que os demais centros vitais sejam revigorados, nada impedindo, todavia, que algumas vezes se opere diretamente numa zona específica, quando se pretende restabelecer pontos energeticamente obstruídos, afastando influências prejudiciais ou operando na regeneração e tecidos deteriorados.

Esses comentários sobre os centros vitais ou chacras representam pálidos esforços de compreensão para reduzir um pouco o tamanho de nossa ignorância, enquanto novas luzes do conhecimento científico ou revelados nos auxiliem no aprofundamento do assunto.

AINDA O PERISPÍRITO

O perispírito é outro produto tomado ao fluido cósmico universal. O termo foi cunhado por Allan Kardec para dar ideia de uma cobertura do Espírito.[10]

Segundo Delanne, *"é a ideia diretora, o plano imponderável da estrutura orgânica"*[11] que armazena, registra e conserva todas as percepções, volições e ideias da alma, preservando-nos a identidade e a memória, além de fixar em sua substância incorruptível as leis do nosso desenvolvimento.

A significativa diferença entre o Espírito e o corpo físico justifica a intermediação exercida pelo perispírito, que permeia a ambos: a matéria, para torná-la vital, e o Espírito, para torná-lo perceptível e atuante no contexto dos fenômenos universais.

---

10. KARDEC, Allan. *O Livro dos Espíritos*, 2ª parte, cap. I, questão 93. Brasília: FEB, 2013.
11. DELANNE, Gabriel. *A evolução anímica*, cap. 1.

A densidade energética do perispírito não é igual em todos os homens. Ela depende fundamentalmente de dois fatores: o grau evolutivo do indivíduo (conquistas morais, experiências) e o campo energético específico inerente ao mundo a que o mesmo indivíduo está vinculado.[12] Por exemplo, um ser que se dirige a outro mundo (em visita, estágio ou necessidade de crescimento evolutivo) tomará elementos fluídicos do mundo aonde se dirige para formação de seu perispírito. Poderíamos ilustrar com a saga da viagem do homem à Lua: para que lá sobrevivesse foi necessária uma roupa especial de modo a adaptá-lo às condições exigidas pelo ambiente. Com o perispírito, a situação deve ser assemelhada.

O homem, na sua caminhada de aprimoramento, na carne ou fora dela, passa por diversas fases de composição energética, tendo sempre a possibilidade de se reorganizar vibratoriamente. Tal conquista lhe assegura a fixação de qualidades, através da agregação, ao seu patrimônio, de energias sublimadas, enquanto se despoja de outras, viciadas e incompatíveis com suas novas aspirações. Quando encarnado, desenvolve todo o seu conjunto, de forma que Espírito, perispírito e soma permanecem coesos. Com a morte, desagrega-se a fase mais densa, enquanto Espírito e perispírito seguem adiante, mantendo o acervo das experiências vivenciadas e a identidade do ser até um próximo mergulho na carne, propiciador de novos avanços. O ciclo das encarnações e desencarnações vai sutilizando o perispírito, que se torna cada vez mais diáfano e brilhante, ao tempo em que o Espírito se enriquece de sabedoria, até alcançar a condição de prescindir de corpos físicos para evoluir.

---

12. KARDEC, Allan. *O Livro dos Espíritos*, 2ª parte, cap. I, questão 94, e cap. IV, questão 187. Brasília: FEB, 2013 (notas dos autores).

Terapia pelos passes

Entre as suas muitas propriedades, destacamos: *penetrabilidade* – capacidade de interpenetrar a matéria ou outras estruturas fluídicas organizadas –; *expansibilidade* – capacidade de aumentar o seu campo ou raio de ação –; *tangibilidade* – capacidade de se adensar até o ponto de impressionar os sentidos físicos de algum observador encarnado, podendo inclusive ser visto ou tocado. É por conta dessas propriedades que ele desempenha expressivas e valiosas funções entre as quais se destaca a de ser veículo da mediunidade, particularmente a de curas.

É nessa área que o trabalho do passe se expressa, abençoado, ensejando a transferência de energias vitais, restauradoras da saúde e do equilíbrio, de um doador para um receptor, ambos captando a influência potencializadora dos Espíritos amorosos e sábios que operam sob a inspiração de Deus.

O perispírito, no seu encaixe com o corpo físico, imanta e penetra o *duplo etérico* (objetivação do fluido vital) sem com este se confundir, por se constituir um campo potencialmente mais ativo. Apenas didaticamente podemos afirmar que o *duplo etérico* integra o perispírito, constituindo-se uma de suas zonas ou camadas – a mais grosseira –, embora seja mais acertado considerá-lo como parte do soma por estar a ele mais íntima e funcionalmente vinculado.

As relações entre perispírito e *duplo etérico* são tão estreitas, que a alma, ao desdobrar-se do corpo físico (sono ou transe sonambúlico), pode carrear parte considerável dessas energias neuropsíquicas, que são mais afins com o soma. Um fato dessa natureza foi apresentado por André Luiz,[13] ao descrever o transe sonambúlico do médium Castro, em

13. XAVIER, F. C. *Nos domínios da mediunidade*, cap. XI. Rio de Janeiro: FEB, 2004 (nota dos autores).

duas fases de sua saída do corpo: a primeira, impregnado de energias etéricas, deformado em sua aparência perispiritual, e a segunda, liberado dessas energias, que o seu corpo físico reabsorveu, por ação magnética dos mentores, ensejando-lhe maior lucidez e liberdade de ação no Plano espiritual.

Por ocasião do seu desdobramento (separação corpo físico/perispírito), essas energias neuropsíquicas se concentram num cordão de força que liga o *fantasma* ao corpo físico através do cérebro, o chamado *cordão de prata*. O perispírito é, portanto, a forma à qual se amolda o corpo, possuindo, como no físico, embora mais aperfeiçoados, células, órgãos, circuitos eletrônicos em funcionamento harmonioso e independente.

Se o *duplo etérico* funciona como zona do perispírito nas fronteiras com o corpo físico, é perfeitamente admissível que, na direção oposta, outras estruturas mais sutis venham a ser identificadas em sua constituição, tal como o corpo mental aludido por André Luiz[14] e outros. Poderíamos representar esta ideia, didaticamente, como zonas ou camadas de densidades variadas, à feição de um *degradé*, conforme ilustrado na figura seguinte:

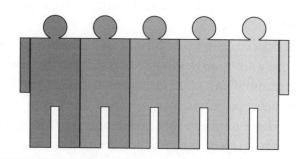

---

14. XAVIER, F. C. *Evolução em dois mundos*, 1ª parte, cap. II. Rio de Janeiro: FEB, 2004 (nota dos autores).

Kardec não se ocupou com o estudo dessas *camadas*, englobando-as todas na concepção do conjunto. É provável que as tivesse percebido, reservando para o futuro a ocasião oportuna da sua divulgação. A própria concepção científica do perispírito ainda hoje não se incorporou de forma inquestionável no âmbito da Ciência, apesar de ingentes esforços de pesquisadores conscientes e devotados trabalhadores. Não está longe, todavia, o momento glorioso da consolidação desse conhecimento no meio das academias e laboratórios e, nesse sentido, a fenomenologia paranormal, as curas psíquicas e outros relevantes fatos vêm contribuindo enormemente.

CORPO HUMANO

Pode ser considerado, pela complexidade das suas funções e pela finalidade a que se destina, como a máquina mais perfeita de que se tem conhecimento.

Analisando-o, no contexto da escala evolutiva do reino animal, vamos observá-lo no ápice da criação no plano terrestre, por ser ele o veículo de manifestação da máxima inteligência através do cérebro e do pleno amor simbolicamente expresso através do coração. O que não se pode esquecer é que, tanto a sua concepção como o seu aperfeiçoamento, funcional e estético, obedecem a um planejamento superior que, em última análise, visa a proporcionar oportunidade de evolução do Espírito no planeta Terra.

As células, com as suas diferentes formas, dimensões e funções, são as unidades constitucionais básicas do corpo humano. Ao se especializar e estruturar os tecidos, sistemas e aparelhos, formam um todo, o organismo humano, no

Projeto Manoel P. de Miranda / Divaldo Franco

qual as atividades ocorrem em perfeita sincronia e eficiência para atender às necessidades vitais de toda e qualquer célula, esteja ela onde estiver no conjunto. O alcance desta finalidade deve-se ao trabalho incessante e imprescindível do sistema nervoso (central e periférico) e do sistema endócrino (representado pelas glândulas). Os dois sistemas integrados são responsáveis pela regulação de toda a fisiologia orgânica, através das fibras nervosas distribuídas por quase todo o corpo e/ou de substâncias químicas conhecidas como hormônios, neurotransmissores etc.

Não podemos esquecer que, além dos elementos químicos e mecânicos que respondem pelo automatismo funcional, temos também os componentes intelectuais e emocionais que procedem do ser essencial, o Espírito, que anima e vitaliza o corpo somático.

Assim considerando, fica evidente que a mente espiritual pode ter grande força para transmitir saúde, harmonia, e excelente qualidade de vida física, prolongando-a, ou, o oposto, provocando a sua deterioração manifestada por enfermidades que encurtam a sua existência na Terra.

Assim, quando nos utilizarmos do passe como recurso terapêutico, a transmissão de energia gerada atinge os *centros de força* que, por sua vez, mobilizam essa energia em direção do corpo físico através dos plexos nervosos, propiciando uma renovação celular significativa.

A integração Espírito–corpo processa-se mediante a ação recíproca entre a energia orgânica e a mental, no centro coronário, daí advindo todo o controle sobre os demais centros vitais que, através de comandos apropriados, estimulará o sistema nervoso para, atuando em conjunto com o sistema de glândulas endócrinas e o circulatório, levar a ação fluídica do passe às células em todo o corpo.

Terapia pelos passes

Terminemos este capítulo com o pensamento formoso do Espírito Marco Prisco, quando nos propõe:

No seu corpo, tudo manifesta a sabedoria divina que elaborou uma forma perfeita para a residência temporária do Espírito no processo evolutivo.
Não o ultraje.
Não o desrespeite.
Ame-o, vitalizando-o com o pensamento edificante, capaz de corrigir as imperfeições e de equilibrá-lo para que você possa demorar por mais tempo em seu domicílio precioso.
Ofereça-lhe a energia psíquica sem rebelar-se com as limitações de que, porventura, seja portador.
Mesmo que o tenha com poucos movimentos e parcas possibilidades de prazer, ame-o. Não se agaste com o seu cansaço, não se inquiete com a sua fraqueza.
Cada Espírito tem o corpo que merece e de que necessita.
Se a fonte das sensações não lhe obedece aos caprichos com a volúpia que o desejaria, agradeça ao Senhor, que lhe corrige o abuso através de valiosas contingências de limitação orgânica...
[...] Como todos os tesouros, é apenas um instrumento de Deus para a glória da alma, que um dia se despirá, deixando-o na Terra, para ascender luminosa aos páramos da ventura.[15]

---

15. FRANCO, Divaldo. *Ementário espírita*, cap. 2 – Tesouro. Salvador: LEAL, 2015 (nota dos autores).

3

FLUIDOS

O dicionarista Aurélio Buarque de Holanda, ao designar a fase não sólida da matéria, propõe a seguinte definição para o termo fluido: *"O que corre ou se expande à maneira de um líquido ou gás"*.[16] Esse conceito funcional é aperfeiçoado por André Luiz ao associar o termo fluido a um *corpo cujas moléculas cedem invariavelmente à mínima pressão, movendo-se entre si, quando retidas por um agente de contenção, ou separando-se, quando entregues a si mesmas.*[17]

Estados de matéria mais dinâmicos que o gasoso foram trazidos à luz do conhecimento científico no ocaso do século XIX, início do XX, com as descobertas de William Crookes, Roentgen e Marie Curie, ao desvendarem o mundo dos raios, ondas e vibrações que serviram de base às cogitações que se seguiram em torno de um Universo unificado em sua aparente diversidade, em que matéria e energia

---

16. *Apud* MELO, Jacob. *In*: *O passe.*
17. XAVIER, F. C. *Evolução em dois mundos*, cap. XIII, item Fluidos em geral. Rio de Janeiro: FEB, 2004 (notas dos autores).

não passariam de estágios ou estados de uma só realidade a expressar-se através de campos energéticos, substâncias e corpos projetados no espaço infinito.

O conceito de fluido que ressalta dos ensinamentos apresentados pelos Espíritos superiores que inspiraram a Codificação e ao próprio Allan Kardec é: tudo o que se relaciona com a matéria, da mais grosseira à mais diáfana, incluindo-se neste contexto estados que ignoramos, uma vez que ela pode ser tão etérea e sutil que nenhuma impressão nos cause aos sentidos[18] e susceptível de combinar-se ao fluido universal, sob a ação do Espírito, para produzir a infinita variedade de coisas de que apenas conhecemos uma parte mínima.[19]

Diz Léon Denis que essa matéria tornada imponderável, à medida que se rarefaz, adquire novas propriedades e uma capacidade de irradiação sempre crescente; torna-se, portanto, uma das formas de energia.[20]

Na condição de ser integral, composto de Espírito, perispírito e corpo somático, participante desse Universo onde tudo e todos interagem, o homem influencia e é influenciado de modo incessante, registrando com mais intensidade o campo daqueles seres de que mais carece para evoluir. Afina-se com pessoas e coisas, pensamentos e substâncias, variantes a cada fase evolutiva por onde transita.

Elementos mais sutis alcançam-no através do perispírito, tocando ou penetrando suas estruturas, nas quais

---

18. KARDEC, Allan. *O Livro dos Espíritos*, 1ª parte, cap. II, questão 22. Brasília: FEB, 2013.
19. Idem, ibdem, questão 27.
20. DENIS, Léon. *No invisível*, 2ª parte, cap. XV. Brasília: FEB, 2014 (notas dos autores).

Terapia pelos passes

passam a ser movimentados. Dá-se uma espécie de *osmose* de natureza psíquica que pode determinar o surgimento de fatores equilibrantes e de progresso, ou constituir-se fonte de estagnação ou desordem.

Tão importante é o que se recebe quanto o que se produz. Quando o Espírito (encarnado ou desencarnado) se manifesta (pensando, agindo ou simplesmente existindo), todas as suas potências vibram, fazendo vibrar, por sua vez, o fluido cósmico, imprimindo nesse alterações que lhe dão aspecto, movimento e direção. A essa peculiaridade que o fluido cósmico assume, por ação dos seres inteligentes, denominamos fluidos espirituais. A rigor, não apenas os Espíritos projetam irradiações; todos os seres animados e mesmo os inanimados irradiam energias não físicas, podendo igualmente assimilá-las; daí a expressão *magnetismo*, como a lembrar-nos a ação de um ímã.

Energias e substâncias químicas afeitas ao campo físico entram no organismo somático através dos processos de alimentação, englobando as substâncias ingeridas no ato de comer e de beber, os medicamentos, a respiração, as absorções cutâneas (raios solares, banho, atritos com o meio) e ainda os estímulos térmicos e elétricos captados pela via sensorial sob as formas de prazer e dor.

O campo de ação desses elementos não se limita às engrenagens do corpo físico, pois todos eles liberam radiações isoladamente ou após transformados e combinados em decorrência das reações do metabolismo humano.

Essa visão holística que o conhecimento espírita proporciona, fortalece a ideia de que tudo aquilo que o homem faz ou pensa é importante para o seu processo de crescimento espiritual. Tudo o que ele fornece ou produz tem igual relevância ao que toma de empréstimo à vida, para a sua viagem nos caminhos da evolução. É tão importante comer como pensar, fruir do prazer sadio como amar, manter a vida física quanto alimentar a criatividade e a estesia. E em tudo fazer a escolha do que importa para o processo de crescer espiritualmente na direção de Deus, abandonando tudo o que se constitua estímulo à estagnação e ao vício.

A pretexto de sinalizar o que nos parece mais relevante para que o doador de energias tenha sempre em mente no seu ministério socorrista, retiramos dados importantes da Codificação[21] e obra mediúnica,[22] a fim de servirem como fonte de informações para consulta rápida. São os seguintes:

– os fluidos formam a atmosfera psíquica dos seres conscientes, fornecendo os elementos com os quais operam pela força do pensamento e da vontade;

– essa atmosfera é o ambiente no qual se passam os fenômenos especiais perceptíveis ao Espírito e que escapam aos sentidos materiais;

– é onde se forma essa luz particular ao Mundo espiritual, diferente da luz ordinária por sua causa e por seus efeitos;

– é, enfim, o veículo do pensamento, como o ar é veículo do som.

Os Espíritos agem sobre os fluidos espirituais, não os manipulando como os homens manipulam os gases, mas com o auxílio do pensamento e da vontade. O pensamento e a vontade são, para os Espíritos, aquilo que a mão é para o homem.

---

21. KARDEC, Allan. *A Gênese,* cap. XIV. Brasília: FEB, 2013.
22. FRANCO, Divaldo. *Sementeira da fraternidade.* cap. 15 - *Alienações por obsessões.* Salvador: LEAL, 1972 (notas dos autores).

Pelo pensamento eles imprimem a tais fluidos essa ou aquela direção; eles os aglomeram, combinam ou dispersam; formam, com esses materiais, conjuntos que tenham uma aparência, uma forma, uma cor determinadas; mudam suas propriedades como um químico altera as propriedades dos gases ou de outros corpos, combinando-os segundo determinadas leis.

A ação dos Espíritos sobre os fluidos espirituais tem consequências de importância direta e capital para os encarnados. Desde o instante em que tais fluidos são o veículo de pensamento, este lhes pode modificar as propriedades, impregnando-os das qualidades boas ou más dos próprios pensamentos que os colocam em vibração, modificados pela pureza dos sentimentos. Os maus pensamentos contaminam os fluidos espirituais, como os miasmas deletérios corrompem o ar respirável. Os fluidos que rodeiam os maus Espíritos, ou os que eles projetam, são viciados, enquanto aqueles que recebem a influência dos bons Espíritos são tão puros quanto o permite o grau de perfeição moral deles.

As transformações que os seres inteligentes promovem na atmosfera fluídica que os envolve, tanto podem dar-se consciente quanto inconscientemente.

Sob o ponto de vista moral, os fluidos trazem a impressão dos sentimentos do ódio, da inveja, do ciúme, do orgulho, do egoísmo, da bondade, da benevolência, do amor, da caridade, da doçura, etc.; sob o ponto de vista físico, são excitantes, calmantes, irritantes, dulcificantes, tóxicos, reparadores, etc. Algo importante: embora demos nomes aos sentimentos (amor, ódio, inveja, ciúme), esses estados d'alma não são iguais em cada um.

Assim sendo, o amor de alguém ou a sua inveja não é igual ao amor ou à inveja de outrem. Daí podermos afirmar que os fluidos têm a marca pessoal e a característica própria de quem os carrega.

O perispírito dos encarnados, porque de natureza idêntica à dos fluidos espirituais, em razão da Lei de Atração Magnética, funcionando espontaneamente no instante do processo reencarnatório, adquire as características próprias de cada individualidade, conforme a moralização e os sentimentos de cada ser inteligente. Daí em diante vão sendo modificadas essas características de acordo com as ações praticadas, sutilizando-se ou adensando-se.

Em decorrência dessa realidade, existe uma facilidade de assimilação de fluidos por parte dos encarnados à semelhança da esponja quando se embebe de líquido. Esses fluidos têm sobre o perispírito uma ação tanto mais direta, quanto por sua ação e por sua irradiação se confunde com a densidade deles.

Os fluidos se atraem ou se repelem conforme a semelhança de suas naturezas, daí a incompatibilidade entre os bons e os maus fluidos.

Tais fluidos agem sobre o perispírito, e este, por sua vez, reage sobre o organismo material com o qual está em contato molecular. Se os seus eflúvios forem de boa natureza, o corpo recebe uma impressão salutar; se forem maus, a impressão é penosa. Se os fluidos maus forem permanentes e densos, poderão determinar desordens físicas. Certas moléstias não têm outra causa senão essa influência maléfica, causadora das chamadas enfermidades enigmáticas.

A fluidoterapia, nessas circunstâncias, obtém resultados admiráveis quando a força fluídica aplicada ao

Terapia pelos passes

elemento enfermo ou desarmonizado caracteriza-se pela abundância, qualidade e intensidade de fluidos provenientes de um magnetizador portador de bons sentimentos e ajudado por uma Entidade espiritual benfazeja.

Necessário ressaltar, ainda, que o êxito da terapia pelos passes depende da afinidade entre os fluidos do paciente e do magnetizador. Essa afinidade faz com que as pessoas sejam sensíveis à ação magnética de um indivíduo, e insensíveis à de outro. É de bom alvitre, com base nesse fato, que se alternem os doadores de energias, encarregados da assistência a determinada pessoa.

Ainda na questão dos fluidos, faz-se necessária uma referência ao poder catalisador da água no tratamento fluidoterápico. A água fluidificada (pelos Espíritos ou por um magnetizador encarnado) é de resultado benéfico, quando utilizada pelo paciente, orando, pois que, dessa forma, ao ser ingerida, faz com que o organismo lhe absorva as *quintessências* que vão atuar no perispírito, à semelhança do medicamento homeopático, estimulando os núcleos vitais de onde procedem os elementos produtores e regeneradores das células físicas, e onde, em verdade, se estabelecem os pródromos da saúde como da enfermidade, que sempre se originam no Espírito, liberado ou calceta.

4

MEDIUNIDADE CURADORA E CIRURGIAS ESPIRITUAIS

Este capítulo é dedicado a todas as pessoas, espíritas ou não, que se encontram envolvidas nas tarefas de harmonizar ou curar transitoriamente as doenças do corpo e da alma, dentro ou fora do Centro Espírita.

Vale aqui ressaltar que as origens dos sofrimentos humanos são examinadas pela filosofia oriental através do pensamento budista, resumindo em duas causas principais: as originárias do carma, ou da Lei de Causa e Efeito, e aquelas engendradas pelas emoções perturbadoras.

Jesus Cristo, o Excelso Terapeuta, embora tivesse curado muitos daqueles que O buscavam, libertando-os de enfermidades do corpo, da mente e da alma, teve oportunidade de dizer que não viera para curar corpos e sim almas, deixando implicitamente patenteado, na interpretação espírita, que os sofrimentos humanos têm as suas raízes no cerne do Espírito imortal.

O Espiritismo, por sua vez, aproveitando o conteúdo das duas concepções, complementa que a meta a alcançar é a cura real, que somente será obtida mediante a remoção dos fatores causais, identificados na feição das imperfeições humanas, comandadas pelo egoísmo e seus sequazes. Como o determinismo da perfeição relativa somente acontecerá por meio de um processo a longo curso, com erros e acertos, numa caminhada sucessiva *de nascer, viver, morrer, renascer ainda e progredir sempre,* como uma Lei única para todos os seres inteligentes que necessitam ainda da encarnação, a Doutrina Espírita não descarta a necessidade e a eficácia das terapias alternativas, visando a minimizar ou mesmo curar os males humanos, realçando a utilização da fluidoterapia e admitindo, em certos casos, a validade das cirurgias espirituais, entre outras.

Leiamos com atenção as informações que se seguem, retiradas das obras codificadas e complementares escritas por Allan Kardec, ou por outros autores, com algumas colaborações da equipe, para que não nos desviemos dos rumos autênticos das Leis que regem os destinos da vida humana, deslizando para o fosso escuro das crendices, charlatanismo e mistificações conscientes ou inconscientes.

No breve estudo que iremos realizar sobre esta temática tão palpitante e polêmica, vamos deter-nos em dois aspectos a considerar: a mediunidade curadora e as cirurgias espirituais.

Ao se referir à mediunidade curadora (*O Livro dos Médiuns*, item 175), Allan Kardec grafou o seguinte conceito:

> [...] este gênero de mediunidade consiste, principalmente, no dom que possuem certas pessoas de curar pelo simples toque, pelo olhar, mesmo por um gesto, sem o concurso de qualquer medicação.

Terapia pelos passes

Para elucidar que há uma ação magnética de natureza humana e outra espiritual, que se associam na produção das curas, prossegue o codificador:

> Dir-se-á, sem dúvida, que isso não é mais do que magnetismo. Evidentemente, o fluido magnético desempenha aí importante papel; porém, quem examina cuidadosamente o fenômeno, sem dificuldade reconhece que há mais alguma coisa. [...] Todos os magnetizadores são mais ou menos aptos a curar desde que saibam conduzir-se convenientemente, ao passo que nos médiuns curadores a faculdade é espontânea e alguns até a possuem sem jamais terem ouvido falar de magnetismo.
>
> A intervenção de uma potência oculta, que é o que constitui a mediunidade, se faz manifesta em certas circunstâncias, sobretudo se considerarmos que a maioria das pessoas que podem com razão ser qualificadas de médiuns curadores recorre à prece, que é uma verdadeira evocação.

Depois do advento de *O Livro dos Médiuns*, a *Revue Spirite* publicou, entre 1861 e 1868, vários e importantes artigos, frutos do aprofundamento que o codificador realizou sobre o tema, com o auxílio de várias comunicações mediúnicas recebidas, ficando como precioso legado à posteridade.

Veja-se, por exemplo, o ensinamento oportuno do Espírito Mesmer (*Revue Spirite* de janeiro de 1864), destacando a intervenção divina em socorro à mediunidade curadora:

> [...] Esse socorro que (Deus) envia são os bons Espíritos que vêm penetrar os médiuns de seu fluido benéfico, que é transmitido ao doente. Também é por isso que o

magnetismo empregado pelos médiuns curadores é tão potente e produz essas curas qualificadas de miraculosas, e que são devidas simplesmente à natureza do fluido derramado sobre o médium.

Em seguida à mensagem, a redação da *Revista* faz judiciosos comentários, destacando que para se obter esse concurso dos bons Espíritos são necessárias a prece e a invocação, que por sua vez dependem da fé e da humildade para refletirem a benevolência e a caridade, que são os instrumentos fundamentais do médium curador.

Acompanhemos a citação *ipsis litteris:*

> [...] Sem estas condições o magnetizador, privado da assistência dos bons Espíritos, fica reduzido às suas próprias forças, por vezes insuficientes, ao passo que com o concurso deles, elas podem ser centuplicadas em poder e em eficácia. Mas não há licor, por mais puro que seja, que não se altere ao passar por um vaso impuro; assim como o fluido dos Espíritos superiores, ao passar pelos encarnados. Daí, para os médiuns nos quais se revela essa preciosa faculdade, e que querem vê-la crescer e não se perder, a necessidade de trabalhar o seu melhoramento moral. [...]

O caráter, pois, da mediunidade curadora, na sua legítima expressão, é o aumento da potencialidade magnética do doador encarnado – e Kardec afirma que o médium emite pouco do seu fluido para servir de condutor ao dos bons Espíritos – associada à capacidade de atrair fluidos espirituais de alto teor curativo, canalizando-os para os enfermos. É uma transferência de elementos regenerativos em que o médium, não por um conhecimento técnico específico, mas

Terapia pelos passes

por força de uma doação de amor, utilizando uma predisposição natural, faz-se mensageiro da saúde e da esperança, distribuindo misericórdias.

Foi em razão desse conceito que o mestre lionês, referindo-se à natureza santa da mediunidade, assim se expressou nas páginas de *O Evangelho segundo o Espiritismo* (cap. XXVI, item 10): *"[...] Se há um gênero de mediunidade que requeira essa condição de modo ainda mais absoluto é a mediunidade curadora."*

Não cause estranheza o fato de tantos, que desconhecendo esses pormenores, realizem curas de admirar, pois que sob a ação dos bons Espíritos, funcionam como médiuns curadores sem o saberem.

Acompanhemos dois exemplos da atuação de médiuns curadores: um, traído por suas imperfeições, viu a sua mediunidade atrofiar e encaminhar-se para resultados decepcionantes e medíocres, e outro, havendo triunfado em sua missão, envia do Mundo espiritual mensagem de estímulo para reflexão dos espíritas.

Caso n° 1 (*Revue Spirite* de novembro de 1866)

O médium curador iniciara a sua tarefa com resultados alvissareiros e sobre ele repousavam grandes esperanças. Um grupo espírita, desejoso de estudar e acompanhar aqueles fenômenos nascentes, pediu instruções ao seu guia espiritual que forneceu o seguinte diagnóstico:

Realmente possui a faculdade de médium curador notavelmente desenvolvida. Infelizmente, como muitos outros, ele exagera muito o seu alcance. É um excelente rapaz, cheio de boas intenções, mas que um orgulho desmesurado e uma visão extremamente curta dos homens e das coisas farão periclitar prontamente. Seu poder fluídico, que é considerável, bem utilizado e ajudado pela influência moral, poderá produzir excelentes resultados. Sabeis por que muitos de seus doentes só experimentam um bem-estar momentâneo, que desaparece quando ele lá não mais está? É que ele age por sua presença somente, mais nada deixa ao Espírito para triunfar aos sofrimentos do corpo.

Quando parte, nada resta dele, nem mesmo o pensamento que segue o doente, no qual não pensa mais, ao passo que a ação mental poderia, em sua ausência, continuar a ação direta. Ele acredita em seu poder fluídico, que é real, mas cuja ação não é persistente, porque não é corroborada pela influência moral. Quando consegue êxito, fica mais satisfeito por ser notado do que por ter curado. E, contudo, é sinceramente desinteressado, pois coraria se recebesse a menor remuneração. [...] O que deseja é fazer falar de si. Falta-lhe também a afabilidade de coração, que atrai. [...] É um instrumento desafinado; por vezes dá sons harmoniosos e bons, mas o conjunto só pode ser mau ou pelos menos improdutivo [...]

Inquirido pelo grupo se aquele médium perderia o dom de que se revelara portador, o Espírito respondeu: *"Estou persuadido disto, a menos que ele fizesse uma volta séria sobre si mesmo, do que, infelizmente, não o creio capaz [...]"*

Efetivamente, o artigo conclui que a previsão do Espírito se confirmou, pois o médium, premido pelas dificuldades e golpes que o seu amor-próprio teve que sofrer, abandonou a tarefa.

Antes de passarmos ao segundo exemplo, cabe-nos tirar duas conclusões que achamos oportunas.

A primeira delas refere-se à necessidade de o médium curador plasmar, no beneficiário, transformações definitivas ou, pelo menos, duradouras; causar uma impressão vigorosa, por seu comportamento moral, para que os fluidos doados não se dissipem. Trata-se da importância do aspecto psicológico, tão em voga nas abordagens modernas sobre a cura. Em verdade, qualquer estímulo energético tem que estar associado a uma boa impressão moral, para penetrar nas camadas internas do psiquismo do beneficiário e ser capaz de desbloquear os fatores causais mais profundos da enfermidade.

A segunda se identifica com a demonstração prática de que o desinteresse não se resume apenas ao aspecto das retribuições pecuniárias. O jovem médium curador, que coraria de vergonha se lhe acenassem com algum pagamento por seu trabalho, agia pelo *ego*, pelo prazer de ser notado; nem de longe cogitava de pensar naqueles a quem atendia, fazendo uma prece por eles, o que se afigura, pelo texto, como uma questão indispensável.

Caso nº 2 (*Revue Spirite* de dezembro de 1866)

A Redação da *Revista*, aproveitando o grande interesse na mediunidade curadora, transcreve artigo, publicado na *Revista Vérité*, narrando as curas do príncipe Hohenlohe (desencarnado), acompanhado de comunicação desse Espírito, obtida na Sociedade Parisiense de Estudos Espíritas, da qual retiramos algumas pequenas notas para realçar a singeleza e oportunidade das lições nela contidas:

Senhores, venho entre vós com tanto mais prazer quanto minhas palavras podem tornar-se para todos um útil assunto de instrução.

[...] Como dissestes a justo título, a faculdade de que eu era dotado era simples resultado da mediunidade. Eu era instrumento; os Espíritos agiam e, se algo eu pude, não foi certamente senão por meu grande desejo de fazer o bem e pela convicção íntima que a Deus tudo é possível. Eu cria!..., e as curas que obtinha vinham incessantemente aumentar a minha fé [...]

[...] Quanto à melhor maneira de exercer a faculdade de médium curador, há apenas uma: é ficar modesto e puro e referir a Deus e às potências que dirigem a faculdade tudo o que se realizar [...]

A grande lição que transparece da mensagem do príncipe Hohenlohe é a fé em Deus de que dá mostra, o que lhe confere, ao lado do desejo ardoroso de ajudar o seu semelhante, uma profunda *entrega*, que favoreceu a utilização de sua mediunidade pelos bons Espíritos.

A condição para ser médium curador está relacionada a dois aspectos importantes: as qualidades morais e a passividade. A primeira, para não comprometer a qualidade fluídica emanada dos bons Espíritos – um vaso impuro contamina a substância que por ele passa – e a segunda, para não reter ou diminuir força e vazão dessas energias que eles precisam transmitir através do médium para os carentes.

O mecanismo aqui não é diferente dos outros tipos de mediunidade quando são exigidos *moralidade*, para sintonizar com os benfeitores espirituais, e *controle do automatismo* ou educação mediúnica, para que as expressões do médium não desfigurem as comunicações transmitidas. Na

Terapia pelos passes

mediunidade curadora, todavia, a sintonia e a passividade se evidenciam claramente através de fatos concretos, incontroversos, que são as próprias curas, quando efetivamente acontecem.

Outro aspecto importante a entender-se sobre esse gênero de mediunidade é o seu mecanismo de funcionamento: enquanto na psicofonia ou na psicografia o Espírito comunicante se acopla ao organismo mediúnico – perispírito a perispírito –, assumindo certos comandos da comunicação –, no exercício da cura o Espírito benfeitor *derrama* seus fluidos sobre o médium (linguagem utilizada pelo Espírito Mesmer, adotada por Kardec), ou seja: irradia, projeta suas energias no campo psicossomático do médium que, a seu turno, as passará para o beneficiário. (*Revista Espírita*, janeiro de 1864).

Acompanhemos a descrição de André Luiz em *Nos Domínios da mediunidade*, capítulo intitulado *Serviço de Passe*:

> Conrado, impondo a destra sobre a fronte da médium, comunicou-lhe radiosa corrente de forças e inspirou-a a movimentar as mãos sobre o doente, desde a cabeça até o fígado enfermo.

Nota-se, claramente, que não houve incorporação; simplesmente o Espírito magnetizou a médium e inspirou-lhe a ação curadora. É importante destacar essa *inspiração* como estímulo capaz de conduzir a ação do sensitivo para os procedimentos que precisam ser adotados, compatíveis com as circunstâncias e necessidades, os quais poderão brotar-lhe da mente como evocação do seu conhecimento (se ele possuir em consonância com o do Espírito) ou com mais ampla liberdade, *através de um gesto, um olhar, uma frase...*, conforme a conceituação de Allan Kardec.

Uma outra forma de ser da mediunidade curadora é o circuito inverso em relação ao anteriormente apresentado, ou seja: ao invés de o médium absorver as energias do Espírito benfeitor para transmiti-las ao doente, o benfeitor espiritual é que coleta as energias do médium – principalmente emissões de ectoplasma – para agir diretamente no perispírito da pessoa que quer beneficiar.

Trata-se de uma ação automática em que o médium encarnado funciona como fonte supridora de energias para os bons Espíritos operarem diretamente. Um interessante exemplo que caracteriza esse mecanismo de ação está registrado na *Revue Spirite* de setembro de 1865, quando o Dr. Demeure, Espírito, utiliza-se da corrente magnética dos encarnados (em parceria com outros desencarnados) para operar uma lesão grave resultante de acidente.

Vejamos o resumo da narrativa:

> A médium vidente e escrevente, Sra. Maurel, acometida de fratura no antebraço direito estava para ser conduzida por familiares para tratamento médico quando ela própria, retendo-os, tomou um lápis e escreveu mediunicamente, com a mão esquerda: "Não procureis um médico; eu me encarrego disto, Demeure." Todos resolveram esperar confiantes.
>
> Após as primeiras providências aconselhadas pelo Espírito, foram convocados alguns adeptos, na noite do mesmo dia, para assistir a Sra. Maurel que, adormecida por um médium magnetizador, não demorou a entrar em sonambulismo.

Terapia pelos passes

Sigamos, textualmente, os lances mais importantes da intervenção espiritual:

[...] Então o Dr. Demeure continuou o tratamento que havia iniciado pela manhã, agindo mecanicamente sobre o braço fraturado, já sem outro recurso aparente além de sua mão esquerda, nossa doente tinha tirado rápido o primeiro aparelho, deixando apenas as faixas, quando se viu insensivelmente e sob a influência da atração magnética, o membro tomar diversas posições, próprias para facilitar a redução da fratura. Parecia, então, ser objeto de toques inteligentes, sobretudo no ponto onde devia operar-se a soldadura dos ossos; depois se alongava, sob a ação de trações longitudinais.

Após alguns instantes dessa magnetização espiritual, a Sra. Maurel procedeu, sozinha, à consolidação das faixas e a uma nova aplicação do aparelho [...]. Tudo, pois, se havia passado como se um hábil cirurgião tivesse, ele próprio, operado visivelmente; e, coisa curiosa, ouviram-se durante o trabalho as palavras que, em sua dor, escapavam da boca da paciente: Não aperte tanto!... Vós me maltratais!... Ela via o Espírito do doutor e era a ele que se dirigia, suplicando poupar a sensibilidade. Era, pois, um ser invisível para todos, exceto para ela, que lhe fazia apertar o braço, servindo-se inconscientemente de sua própria mão esquerda [...]

A narrativa prossegue com uma pergunta e a consequente resposta, que é uma confirmação desse modo de operar de que estamos tratando, em que o médium se apassiva, para colocar-se como fornecedor de elementos energéticos humanos de que os Espíritos se aproveitam para operar:

Qual o papel do médium magnetizador durante esse trabalho? Aos nossos olhos parecia inativo; com a mão direita apoiada na espádua da sonâmbula, contribuía com sua parte para o fenômeno, pela emissão de fluidos necessários à sua realização.

Eis o epílogo da narrativa do caso:

[...] Na noite de 27 para 28, tendo a Sra. Maurel desarranjado o braço, em consequência de uma posição falsa, tomada durante sono, declarou-se uma febre alta, pela primeira vez. Era urgente remediar esse estado de coisas. Assim se reuniram novamente no dia 28 e, uma vez declarado o sonambulismo, foi formada a cadeia magnética, a pedido dos bons Espíritos. Após diversos passes e manipulações, em tudo como as acima descritas, o braço foi recolocado em bom estado [...]

O tratamento prosseguiu por meio de sessões diárias até 4 de junho, data estipulada pelos Espíritos para a redução da fratura, após o que se consolidou a cura de forma admirável e em tempo muito menor do que o que seria necessário pelo tratamento da Medicina convencional da época.

Há outro tipo de trabalho de cura que merece algumas considerações: o realizado por médium incorporado para o exercício do receituário ou das cirurgias, algumas destas últimas feitas no perispírito e outras atingindo as estruturas do corpo físico, na intimidade dos tecidos e células.

Esses não deveriam ser classificados como médiuns curadores, embora agindo na área da saúde. Seria mais adequado chamá-los de médiuns receitistas ou médiuns cirurgiões, porque, em verdade, são médiuns de transe que emprestam as áreas motoras de sua instrumentalidade me-

Terapia pelos passes

dianímica para o exercício da psicografia receitista ou da cirurgia, com ou sem o fornecimento do ectoplasma. Esta nossa opinião se baseia em conceito do codificador, conforme o expressa na *Revue Spirite* de setembro de 1865, ao afirmar:

> Os médiuns que recebem indicações de remédios, da parte dos Espíritos, não são o que se chama médiuns curadores, pois eles próprios não curam; são simples médiuns escreventes que têm uma aptidão mais especial que os outros, para esse gênero de comunicações [...]

O raciocínio é semelhante com relação aos que fazem cirurgias mediunizados (não abordados por Kardec por não existirem na sua época).

Conclui o codificador no mesmo artigo: *"[...]. A mediunidade curadora é exercida pela ação direta do médium sobre o doente, com o auxílio de uma espécie de magnetização de fato, ou pelo pensamento."*

No seio da sociedade contemporânea tem surgido uma quantidade expressiva de médiuns cirurgiões, naturalmente com a permissão de Deus e para finalidades nobres, dentre as quais destacamos: demonstração da imortalidade da alma; apontar caminhos para a medicina do Espírito, a Medicina do futuro, mostrando tecnologias e recursos avançados que mais adiante estarão entre os homens; por fim, ajudar, e ajudar mesmo, do ponto de vista social, a diminuir essa quantidade imensa de carentes e enfermos, que cresce de forma preocupante, principalmente nos países pobres e regiões distantes dos grandes centros urbanos.

Muitos desses médiuns, em estado sonambúlico leve ou profundo, demoram-se por largas horas incorporados, cau-

Projeto Manoel P. de Miranda / Divaldo Franco

sando admiração o fato de não sofrerem o desgaste esperado (nem ele nem o Espírito) em face de tão íntima e demorada vinculação. São almas de organizações perispirituais muito semelhantes, em verdade duplas que se comprometeram desde o Mundo espiritual com semelhante tarefa, repousando naturalmente o êxito da empresa no respaldo que receberam dos Espíritos superiores, enquanto naturalmente se mantenham (a dupla e a equipe que lhe dá apoio) fiéis ao mandato.

Não são eles necessariamente almas redimidas, mas seres em crescimento que pediram a tarefa como compromisso de efeito ascensional. Em mediunidade tudo é compromisso.

Pode-se observar que semelhantes tarefas são provisórias, impermanentes, como tudo na Terra. Uns vão, outros vêm, enquanto no orbe terreno precisarmos de tais experimentos.

Outro fato a destacar à margem desses trabalhos de cura, de destaque público, são as curas relevantes que ocorrem em toda parte, no Movimento Espírita ou fora dele; curas expressivas e admiráveis, como a que narramos anteriormente, quando a bondade do Dr. Demeure liberou rapidamente a Sra. Maurel, médium, das aflições de uma fratura de difícil solução para os recursos da época; curas como a de que foi alvo o infatigável tribuno e médium baiano Divaldo Franco, fato por ele narrado em público, com detalhes, em memorável reunião doutrinária do Centro Espírita Caminho da Redenção, quando na presença da equipe mediúnica vinculada ao nosso Chico Xavier, a amorável Scheilla, Espírito, com recursos da Esfera extrafísica, operou-lhe a garganta, que de tanto incomodar-lhe dificultava a tarefa de exposição da Mensagem Consola-

Terapia pelos passes

dora, restabelecendo-lhe a partir de então a pureza da voz que ele tão bem tem sabido usar na caminhada de iluminação de consciências pelos quatro cantos da Terra.

Vidas especiais, curas especiais, quando Deus o quer e permite. Tudo é uma questão de mérito.

Mas, há curas lançadas a crédito do mérito futuro, quando é necessário restabelecer as forças do devedor para que ele enfrente as fadigas de suas lutas regeneradoras. Afinal de contas, quem terá condições de penetrar os insondáveis desígnios de Deus?!

Finalizando este trabalho, muito mais de pesquisa doutrinária do que de elaboração, citaremos duas afirmativas de autoria do mestre lionês merecedoras de profundas reflexões a respeito da mediunidade curadora (*Revista Espírita* – set./1865):

A experiência prova que, na acepção restrita da palavra, entre os melhores dotados não há médiuns curadores universais. Este terá restituído a saúde a um doente e nada fará sobre outro; aquele terá curado um mal numa pessoa e não curará o mesmo mal uma outra vez, no mesmo doente ou em outro; aqueloutro terá a faculdade hoje e não a terá amanhã. [...]

Se a mediunidade curadora pura é privilégio das almas de escol, a possibilidade de suavizar certos sofrimentos, mesmo os de curar, ainda que não instantaneamente [...], a todos é dada [...].

5

OBJETIVOS, MECANISMOS DE AÇÃO E RESULTADOS

Os princípios fundamentais para a transmissão de energias através dos passes baseiam-se no fenômeno magnético que governa a atração dos elementos fluídicos entre as criaturas, suporte da LEI DE SINTONIA.

No Universo tudo é atração. Em síntese, é a manifestação do Amor universal sustentando a vida através de trocas incessantes.

Quando duas mentes entram em sintonia, uma ativa e outra em estado de passividade, formam-se entre ambas correntes de força que lembram a ação eletromagnética, estabelecendo-se as condições para que o agente doador transmita ao beneficiário, via centros de força (chacras), benefícios vibratórios de vária ordem, seja para dispersar energias congestionadas, seja para doar-lhe um novo suprimento, a fim de sustentar o seu inventário em déficit.

O ato de dispersar tanto pode significar uma movimentação de energias congestionadas (paradas, à semelhança de ingurgitamentos)[23] como um processo de assepsia para

---

23. *Ingurgitamento*: repleção, distensão, obstrução de um vaso ou duto excretor; obstrução de um órgão glandular; enfarte (nota da Editora).

extrair componentes adulterados e, portanto, prejudiciais à economia da vida.

É um tanto mais difícil desbloquear fluidos oriundos das grandes mazelas da alma, dos grandes conflitos que ficam entranhados nas camadas profundas do inconsciente. Todavia, mesmo aí o passe faz-se auxiliar vigoroso quando em associação com a terapia da palavra e do Evangelho, que são solventes poderosos a diluir, juntamente com o sofrimento, esses quistos impeditivos à passagem da Luz divina.

Essas energias dispersáveis tanto podem originar-se de contágios com o meio ambiente (por negligência do indivíduo) como ser provenientes das próprias construções mentais, quando a pessoa se envolve nas preocupações e nos fluidos do desânimo e do desespero, por não se sentir suficientemente forte para vencer as provas da vida, em condições de maior sucesso.

Poderíamos sintetizar o objetivo do passe na frase de André Luiz, quando afirma: *"O passe não é unicamente transfusão de energias anímicas. É o equilibrante ideal da mente, apoio eficaz de todos os tratamentos [...]"*

E mais adiante:

> Se usamos o antibiótico por substância destinada a frustrar o desenvolvimento de micro-organismos no campo físico, por que não adotar o passe por agente capaz de impedir as alucinações depressivas, no campo da alma? [...].
> Se atendemos à assepsia, no que se refere ao corpo, por que descurar dessa mesma assepsia no que tange ao Espírito?[24]

---

24. XAVIER, F. C. e VIEIRA, W. *Opinião espírita,* cap. 55, *apud* MELO, Jacob de. *In*: *O Passe* (nota dos autores).

Terapia pelos passes

Destacamos as expressões conceituais utilizadas pelo venerável benfeitor: *"Transfusão de energias anímicas"*, *"equilibrante da mente"*, *"apoio de tratamentos"*, *"bloqueador de alucinações depressivas"*, *"assepsia"*. São, em suma, esses os objetivos do passe, que transparecem de tudo o que já dissemos nos capítulos anteriores, e aos quais poderemos acrescentar outras finalidades especiais, tais como: desvinculação obsessiva, desbloqueio de conflitos íntimos, elemento das cirurgias espirituais, facilitador de processos mediúnicos em desenvolvimento e tantos outros.

Para o objetivo maior da Casa Espírita, a implantação da atividade de passes representa a oportunidade de concretizar o ensino evangélico do *amai-vos uns aos outros* e aquela outra recomendação quanto à tarefa básica dos cristãos: *"curai..."*, *"ressuscitai..."*, *"purificai..."*, conforme apontamentos de Mateus, no seu evangelho, cap. 10, vers. 8. É por esse compromisso que os *Espíritos do Senhor* serão atraídos aos Centros Espíritas para, juntamente com os homens, levarem adiante o plano de libertação da Terra das sombras do mal, pela ação da caridade.

Uns dizem que a terapia pelos passes é um recurso de superfície, enquanto outros afirmam, peremptórios, se constituir ela um recurso de profundidade, a serviço da libertação da criatura. E ambos têm razão. É superficial, se entendido que sem a transformação íntima os benefícios se diluem rapidamente sem cumprir o seu papel. E é de profundidade pela complexidade de recursos que são adicionados e providências espirituais especializadas que são movimentadas, muitas vezes muito além de nossa compreensão limitada, embora posta a nosso benefício.

Que energias, basicamente, são transmitidas e recebidas durante o passe?

Quando se trata da ação pura e simples do magnetizador, veicula-se fluido vital, bioenergia, que poderá estar saturada de fluidos espirituais representativos das qualidades morais do doador. Quando se trata da ação desenvolvida pelos Espíritos, a transmissão é de fluidos sutis por eles gerados correspondentes aos seus sentimentos. Classificam-se, didaticamente, esses fluidos produzidos pelos Espíritos, como espirituais. Muitas vezes, os seres desencarnados associam os seus a outros recursos, extraídos da Natureza ou mesmo da esfera dos homens, em doações inconscientes e involuntárias. Um terceiro tipo de ação é o do magnetismo misto ou humano/espiritual, quando o doador encarnado funciona como médium, canalizando, juntamente com as suas, as energias que os bons Espíritos irradiam por seu intermédio. Essa é a proposta básica do passe espírita, aquele em que um doador, orando, atende alguém que espera em estado de súplica respeitosa e afervorada.

Em tais circunstâncias, o concurso dos Espíritos é amiúde espontâneo; porém, as mais das vezes provocado por um apelo de quem aplica o passe, quando dispõe de recursos morais para atraí-los e canalizar-lhes as virtudes terapêuticas a benefício dos outros.

A ação curadora dos passes somente ocorre quando existe densidade fluídica suficiente através de um agente doador treinado, consciente e amoroso, capaz de agir sob forte indução dos benfeitores espirituais.

O suprimento fluídico de energias que chega ao ser carente, mediante os centros de força, vai naturalmente até o sistema nervoso, imediatamente revigorando-o, mas daí

Terapia pelos passes

sendo conduzido ao universo celular através das interações existentes entre o mesmo e os sistemas sanguíneos e de glândulas de secreção interna. É o mesmo que se afirmar que as *substâncias sutis* que são movimentadas nas operações do passe viajam pelo corpo inteiro deixando em cada célula carente o seu princípio regenerativo, que assegura reproduções celulares em condições melhoradas e, portanto, o surgimento de novas células, saudáveis e harmonizadas. É o que asseverou Kardec com a expressão verbal de sua época: *"A substituição de uma molécula malsã por outra sã."*[25]

Se imaginarmos que aproximadamente um litro de sangue passa pelo cérebro a cada minuto,[26] recebendo, portanto, a influência dos chacras *coronário* e *frontal*, podemos deduzir que o sangue funciona como um verdadeiro banho magnético, assegurando o ritmo e o equilíbrio vibratório de todo o corpo, dada a capacidade que possui de segregar tanto os agentes magnéticos de cura quanto os degenerativos.

Vejamos como se expressa Manoel Philomeno de Miranda:

O médium Joel, profundamente concentrado, afastou-se do corpo somático. Todo ele estava transformado numa usina de forças magnéticas de variado teor. Da região onde se situava a pineal ou epífise na sua forma física, vibrava um poderoso dínamo luminoso que irrigava todas as glândulas do sistema endócrino, ativando as suprarrenais com energia fosforescente, que assumia fulgurações inimaginadas.

O cérebro transformara-se num fulcro iridescente de fortes tonalidades, enquanto o coração estimulado vitalizava

25. KARDEC, Allan *A Gênese*, cap. XIV, item 31. Brasília: FEB, 2013.
26. MELLO, Jacob de. *O passe*. Editora FEB, 1998.

todo o sistema circulatório, invadido por fluidos luminosos que eram ativados pelo centro cardíaco, em formosa coloração ouro-alaranjada. [...][27]

Essa narração refere-se às transformações maravilhosas por que passou um médium, que dedicou sua vida a Jesus, no exato momento em que se dispunha à psicofonia socorrista sob o toque benéfico dos seus guias, para o ministério da enfermagem espiritual. Mas poderia ser a mesma coisa se preparado estivesse para o passe, sob a proteção do Mundo espiritual.

Como quem primeiro se beneficia é quem se doa ao trabalho do amor, eis Joel – o médium referido – sublimado no seu banho de luz a lhe percorrer os circuitos principais da atividade superior da mente e do coração. Naturalmente, dele passariam os elementos curativos para o beneficiário do passe, se esse fosse o seu ministério, como passou para o inditoso obsessor a energia socorrista através do choque anímico.

Leiamos André Luiz em *Mecanismos da mediunidade:*

SANGUE E FLUIDOTERAPIA – Salientando-se que o sistema hemático no corpo físico representa o conjunto das energias no corpo espiritual ou psicossoma, energias essas tomadas em princípio pela mente, através da respiração, (grifo nosso) ao reservatório incomensurável do fluido cósmico, é para ele que nos compete voltar a atenção no estudo de qualquer processo fluidoterápico.[28]

---

27. FRANCO, Divaldo. *Grilhões partidos*, cap. 17. Salvador: LEAL, 2015 (notas dos autores).
28. XAVIER, F. C. e VIEIRA, W. *Mecanismos da mediunidade*, cap. XXII – Sangue e fluidoterapia (nota dos autores).

Terapia pelos passes

E mais adiante o benfeitor espiritual se refere aos corpúsculos vivos das hemácias, leucócitos, trombócitos e outros, movimentando-se em trabalho constante, sob o comando do pensamento, no sentido de garantir-lhes a migração, a eficiência e a mobilidade na preservação da saúde, através do desenvolvimento de fatores imunológicos. E essa eficiência não é de outra forma conseguida senão pela magnetização dessas entidades corpusculares, para o cumprimento de suas finalidades, magnetização conseguida pelo próprio inquilino do corpo físico – o Espírito encarnado – ou pela ação auxiliar emergencial de outro ser que lhe empresta os princípios energizadores através dos passes.

Por fim, chegamos aos resultados. De que fatores dependem? Das qualidades radiantes do agente doador, da receptividade do beneficiário e do *carma*, passando de leve por fatores de menor relevância, como os de natureza mesológica.

Com relação ao primeiro fator, veremos mais adiante, no capítulo seguinte, os requisitos básicos mínimos que deve possuir o aplicador de passes para se colocar à altura da cooperação dos bons Espíritos. E isso é perfeitamente compreensível, pois a luz do Divino Amor não pode ser coada com transparência através de um filtro excessivamente impuro, sob pena de desfigurarem-se os princípios das Leis que regem a Vida.

Ao nos referirmos à condição de receptividade do paciente, óbvia sob qualquer aspecto, lembraríamos o impositivo de ele manter atitudes respeitosas durante e depois do passe. Todo tratamento exige dieta, e essa dieta, no passe, é o momento seguinte, de como vai ficar o nosso comportamento. Atitudes e ações levianas destroem as pontes de fixação que ajudam a reter as energias vitalizadoras e construtivas em nós, fazendo com que essas energias se evolem, ficando o lugar delas ocupado por outras de baixo teor.

E o *carma*? Há um momento em que o ser amadurece para a vida. O sofrimento cumpriu o seu papel retificador, podendo ser colocados à disposição do indivíduo, a partir de então, os bens da saúde e da harmonia. Quando esse momento chega, a Lei do Carma, que é favorecedora de bênçãos, igualmente reúne, ante o indivíduo a ser libertado, os elementos que serão objeto dessa ação, no caso o agente doador em condições, a assistência espiritual adequada e os fatores mesológicos favoráveis. E a cura se dá.

Muitas vezes, o retardamento da saúde ainda é o remédio para o Espírito calceta e ignorante. Rompida essa casca de sombra, sob o camartelo do sofrimento e da provação, eis a luz que surge para um novo recomeço.

6

O DAR E O RECEBER

Na aplicação das terapias pelos passes, três elementos são fundamentais para se obter resultados positivos: o doador, o paciente e o ambiente.

O DOADOR

Como tudo em Doutrina Espírita, evolucionista que é, o trabalho constante para vencer as imperfeições morais deve ser meta prioritária do indivíduo que chega à Casa Espírita trazendo a colheita de uma semeadura milenar, na sua grande maioria negativa.

Que fazer, então, para começar a trabalhar essas mazelas da alma e dar a partida para a conquista das virtudes que nos conduzirão à felicidade plena, determinismo que a todos nos aguarda? Primeiramente, fazer uma viagem para dentro de nós mesmos, estudar as deficiências de que somos portadores, colocá-las na ordem de valor, e iniciar a grande jornada de volta, com as dificuldades naturais de toda reconstrução.

Projeto Manoel P. de Miranda / Divaldo Franco

No início, as dificuldades são enormes. O egoísmo, *chaga da Humanidade a cujo progresso moral obsta*, no dizer de Emmanuel,[29] está ainda muito forte em nós, puxando-nos sempre para baixo, porque evolutivamente estamos muito mais próximos do começo, com os pés fincados na terra, do que da plenitude de felicidade que ainda não merecemos. Nesse ponto, temos que recorrer à vontade, uma das forças atuantes do Espírito, para implementar a jornada planejada vagarosamente, tropeçando, e muitas vezes caindo, a fim de atingirmos a meta ideada.

Nada melhor, para nós, do que nos integrarmos nas atividades assistenciais da Casa Espírita, onde servimos junto aos sofredores, convivendo com as suas dificuldades e aflições, que são enormes, para podermos, em comparando com as nossas, que não passam às vezes de alfinetadas, levando-nos ao desespero sem razão, reajustar as nossas posições. Nessas atividades, estamos protegidos, porque envoltos no psiquismo da Casa, que é formado pelas nossas orações e vivências, juntamente com a presença constante dos benfeitores espirituais que assistem e avalizam os trabalhos.

Estudar o Evangelho de Jesus é outra prioridade. Colocar seus ensinamentos na prática da nossa convivência diária, aprendendo a calar nos momentos em que formos instigados à altercação; a ouvir, quando a aflição e o desespero de nossos interlocutores tiverem chegado ao auge; e a perdoar, quando a insensatez descontrolada da criatura humana nos atingir. Esqueceremos as ofensas e procuraremos fazer o bem no limite das próprias forças.

---

29. *Apud* KARDEC, Allan. *O Evangelho segundo o Espiritismo*, cap. XI, item 11. Brasília: FEB, 2013 (nota dos autores).

Terapia pelos passes

A meditação continuada em torno dos postulados da Doutrina Espírita nos ensejará o embasamento cultural necessário que, juntamente com os sentimentos fortalecidos na prática evangélica, servirão de base para a saúde moral, indispensável àquele que se candidata ao trabalho do passe.

Outra matéria de estudo indispensável é a do corpo humano, porque tornará o doador de bioenergia mais consciente quanto ao funcionamento dessa maravilhosa máquina com que lidará em seu trabalho de cura. Alguns livros sobre passes contêm resumos de boa qualidade didática e podem ser consultados como fontes iniciais de informação.

Áulus, instrutor de André Luiz e Hilário, destaca:

"Importa ponderar que em qualquer setor de trabalho a ausência de estudo significa estagnação."[30]

Da mesma fonte jorra essa preciosa informação:

Indiscutivelmente, não prescindimos do coração nobre e da mente pura, no exercício do amor, da humildade e da fé viva, para que os raios do poder divino encontrem acesso e passagem por nós a benefício dos outros.[31]

Salientamos para destacar o que se nos afigura o ponto essencial do trabalho de passes: servirmo-nos de canal para que os raios do Divino Poder encontrem acesso e passagem por nosso intermédio, a benefício do próximo.

---

30. XAVIER, F. C. *Nos domínios da mediunidade,* cap. 17. Rio de Janeiro: FEB, 2004.
31. Idem (notas dos autores).

Projeto Manoel P. de Miranda / Divaldo Franco

O agente doador deve estar física, psíquica e emocionalmente saudável. Portanto, equilibrado.

No campo físico, ter cuidado com a alimentação, que deve ser frugal, rica em elementos nutrientes e desprovida de toxinas, porque o excesso produz odores desagradáveis, tendo influência direta sobre o paciente que, sentindo o mau cheiro, perturba-se, desconcentra-se, influenciando diretamente no resultado, além de dificultar a emissão das energias, próprias ou as canalizadas do Mundo espiritual, em face das dificuldades digestivas ou sobrecargas de que nem sempre o doador de passes se dá conta.

Alphonse Bué afirma:

"O regime favorece consideravelmente a faculdade radiadora: cumpre ser sóbrio, habituar-se a restringir suas necessidades e comer pouco...".[32]

Alexandre, instrutor de André Luiz, informa-nos:

O excesso de alimentação produz odores fétidos, através dos poros, bem como das saídas dos pulmões e do estômago, prejudicando as faculdades radiantes, porquanto provoca dejeções anormais e desarmonias de vulto no aparelho gastrointestinal...[33]

O uso do álcool e do fumo deve ser abolido, porque esses tóxicos atuam sobre os centros nervosos, influenciando diretamente as funções psíquicas, atraindo, para junto de nós, os dependentes desses vícios que já se encontram no

---

32. BUÉ, Alphonse. *Magnetismo Curativo,* cap. 11.
33. XAVIER, F. C. *Missionários da Luz,* cap. 19. Rio de Janeiro: FEB, 2004 (notas dos autores).

Terapia pelos passes

Mundo espiritual. Para o paciente, os fluidos que transitarem pelo organismo do doador viciado sairão imantados de elementos negativos, causando-lhe mal-estar.

Colocamos em destaque o sexo sem disciplina como fator responsável pelo exaurimento do sistema nervoso e barreira a sombrear as possibilidades irradiantes do médium, além de dificultar a absorção das energias dos bons Espíritos.

O repouso deve ser o bastante para oferecer à organização física o equilíbrio para o bom desempenho das funções a que se propõe, contribuindo, assim, para a normalidade do psíquico e do emocional.

A mente deve estar sempre voltada para as coisas elevadas da vida, através do pensamento e da vontade, direcionando os sentimentos afetivos para as realizações nobilitantes.

O *amor-doação* deve ser plantado e cultivado no solo das nossas relações: *a paciência*, trabalhada incessantemente para a superação dos conflitos e inquietudes íntimas; a *benevolência*, vivenciada plenamente no relacionamento humano, tolerando-se as imperfeições alheias; a *fé raciocinada* se fortalecerá a ponto de transportar montanhas; e a *calma*, finalmente, coroará o nosso agir de uma tranquilidade incorruptível a despeito de todo e qualquer problema ou desafio.

Com a mente voltada para as realizações divinas, atrairemos para o nosso convívio Espíritos superiores designados para supervisionar e assistirem o trabalho que nos propomos realizar. Eles nos ajudarão, suprindo deficiências nossas, abrandando, por consequência, pelas suas vibrações superiores, a ação dos nossos desafetos, evitando assim que se instalem as obsessões, tão em moda na atualidade.

Corpo sadio, mente elevada, o emocional harmoniza-se, porquanto não encontra o campo propício para sentimentos infelizes como a cólera, a inveja, a maledicência e o ciúme, que normalmente concorrem para a desarmonia emocional.

Mais uma vez, Alexandre auxilia-nos com preciosa lição:

Quando nos referimos às qualidades necessárias aos servidores desse campo de auxílio, a ninguém desejamos desencorajar, mas orientar as aspirações do trabalhador para que a sua tarefa cresça em valores positivos e eternos.[34]

E Allan Kardec:

"Reconhece-se o verdadeiro espírita pela sua transformação moral e pelos esforços que emprega para domar suas inclinações más."[35]

O BENEFICIÁRIO

Para aqueles que buscam a ajuda dos passes, necessário se faz o esclarecimento sobre essa terapia alternativa, a sua ação e as condições influentes para a obtenção de bons resultados.

Eles devem ser esclarecidos quanto à necessidade de ter fé; primeiramente em Deus, fonte geradora das energias; depois, na pessoa que lhe aplicará passes, abrindo-se de uma

---

34. XAVIER, F. C. *Missionários da Luz,* cap. 19. Rio de Janeiro: FEB, 2004.
35. KARDEC, Allan. *O Evangelhos segundo o Espiritismo*, cap. XVII. Brasília: FEB, 2013 (notas dos autores).

Terapia pelos passes

forma confiante, e, afinal, em si mesmo, fortalecendo a vontade de curar-se.

A crença em Deus é fundamental na vida de todos nós, porque nos impulsiona para o futuro, caminhando agora sobre as dificuldades criadas ontem, com a segurança de que estando na companhia de amigos espirituais, que a todos nos amparam e dirigem, ancoraremos amanhã no porto seguro da paz. Ela dá segurança e tranquilidade. Harmonizados interiormente e tendo certeza daquilo que virá, abrimo-nos à penetração do Psiquismo Divino, que nos trará os elementos nutrientes de que necessitamos para a cura desejada.

Essa busca aponta o caminho, e a caminhada leva ao doador de energias. Esse esforço condiciona o paciente à receptividade, criando as condições de sintonia para a perfeita interação magnética, que abrirá os canais por onde fluirão as energias do Psiquismo Divino, do benfeitor espiritual, do agente doador, até alcançá-lo.

É imprescindível que se esforce para vencer as imperfeições morais, combatendo o orgulho e o egoísmo, deixando que em si desabroche o amor, centelha divina que está na individualidade de todos, aguardando o momento propício para brotar e expandir-se. Combater os sentimentos de ódio, vingança, ciúme e os vícios de toda ordem é meta prioritária, porque essas fragilidades impedem a penetração das energias curadoras.

Tal programa equivale a uma dieta que, como se sabe, faz-se indispensável em todo o trabalho, para que os fluidos benéficos continuem por mais tempo na organização fisiopsíquica de quem os recebe, atingindo as células para a sua renovação. Por outro lado, a volta a lugares de vibrações grosseiras e viciosas, após o recebimento do passe, torna vulnerável quem o recebe, pois a força das energias negativas do ambiente, em luta com as energias positivas do passe, leva-o a desvitalizar-se novamente.

O hábito da oração e da leitura edificante é lenitivo para a alma e ajuda no condicionamento da mente a direcionar o pensamento para os sentimentos nobres, conduzindo-nos à ação do bem.

O esforço empreendido no sentido da aquisição dessas virtudes e o direcionamento da vida pelos caminhos seguidos por Jesus significam o início da obtenção da cura real.

O AMBIENTE

A aplicação de passes, como terapêutica adotada pelo Espiritismo, é uma ação eminentemente mediúnica, razão por que está sujeita a cuidados semelhantes aos adotados para as reuniões de intercâmbio espiritual, com relação à influência do meio.

Deve-se, portanto, evitar aplicá-los em ambientes impregnados de energias degradadas, para não contaminar as irradiações curativas, restauradoras, que são movimentadas em proveito dos pacientes. Tais ambientes são aqueles frequentados por pessoas malévolas, maledicentes, viciosas e frívolas, que ficam impregnados vigorosamente de seus pensamentos.

O ambiente para o passe deve ser aquele que as pessoas utilizem para atividades edificantes. Se queremos o melhor ao nosso alcance, nem o comum serve. Desse modo, ambientes públicos, ambientes muito frequentados

Terapia pelos passes

e comprometidos com atividades do dia a dia da vida das pessoas não são adequados.

As atividades dos passes, em princípio, devem ser praticadas no Centro Espírita. E, entre suas dependências, naquela que seja mais própria, reservada, confortável e limpa. Pode ser específica para tal mister, ou a sala mediúnica, ou a de atendimento fraterno, ou outra que melhor atenda às finalidades e objetivos dos passes. Há que se providenciar, para que tal lugar ofereça condições para se dosar a luz, a fim de torná-lo repousante e agradável, pois o excesso de luminosidade prejudica as emissões de bioplasma e a sua falta deprime, inquieta.

Áulus, inquirido por Hilário sobre a atmosfera radiante que se derramava no ambiente de uma sala onde se realizava um atendimento pelos passes, aduz:

> Nesta sala se reúnem sublimadas emanações mentais da maioria de quantos se valem do socorro magnético, tomados de amor e confiança. Aqui possuímos uma espécie de altar interior, formado pelos pensamentos, preces e aspirações de quantos nos procuram trazendo o melhor de si mesmos.[36]

Se o Centro Espírita dispõe de um serviço regular de passes, precisa de uma recepção e de um Atendimento Fraterno funcionando concomitantemente. Recepção numa antessala onde as pessoas esperem a vez de ser atendidas, sendo assistidas por auxiliar orientado nesse sentido, e Atendimento Fraterno, em gabinetes privados, onde elas sejam

---

36. XAVIER, F. C. *Nos domínios da mediunidade,* cap. 17. Rio de Janeiro: FEB, 2004 (nota dos autores).

preparadas para o passe. Esses espaços devem ser bastante acolhedores e adequadamente decorados, dispondo, a recepção, de assentos em número suficiente, música ambiental, revistas e mensagens espíritas à vontade... Na recepção e no Atendimento Fraterno, o tratamento começa.

A ideia de que o Centro Espírita é o melhor lugar para se aplicar passes é uma afirmativa válida, sendo, no entanto, imprescindível que os membros de suas equipes de trabalho se amem e se identifiquem com a oração e o trabalho, principalmente o da transformação moral e da solidariedade ativa. Somente assim o Centro Espírita atrairá os bons Espíritos e impregnar-se-á de vibrações de elevado teor.

Quando as circunstâncias impuserem a necessidade de se aplicar passes fora de suas dependências – num hospital ou residência –, há que se *criar* as condições psíquicas ambientais adequadas, através da preparação do doador de energias, antes de se dirigir ao local e, ali, através de leitura e música, se possível. Faz-se necessário limitar o número de pessoas ligadas ao doente presentes no local do passe, evitando-se a curiosidade de indivíduos despreparados. Bastam uma ou duas de confiança do enfermo, para lhe infundir segurança e testemunhar os atos do passista. Em resumo, se estamos fora do Centro Espírita, é preciso *construir* um ambiente, o mais aproximado possível ao dele, para assegurar equilíbrio vibratório, tomando-se o cuidado para que não haja interrupções ou quebra de sintonia pela ação extemporânea de encarnados ou desencarnados que possam adentrar-se pela sala inesperadamente.

O ambiente também é criado pelas condições físicas do passista: sua higiene, forma discreta e agradável de se vestir e de se portar na hora da doação, sem atavios ou

Terapia pelos passes

perfumes fortes – estes por interferirem prejudicialmente no sistema nervoso dos pacientes. A boa apresentação passa uma mensagem de harmonia e serenidade.

Preparar o ambiente é também uma questão de ordem no serviço, posturas adequadas e silêncio (físico e mental). Com base nesse enfoque é que se torna preferível dar os passes após as reuniões doutrinárias no próprio salão de palestras do Centro, onde todos ouvem a mensagem, a movimentar as pessoas para uma cabine, o que, na maioria das vezes, as desconcentra e reduz a qualidade do serviço.

Nada mais natural e lógico do que, concluída a exposição doutrinária, fazer-se penumbra no ambiente e os doadores de energia aplicarem passes, individual ou coletivamente, nos frequentadores, que permanecerão sentados enquanto alguém conduz as vibrações (exortações e preces intercessoras).

7

A RESPEITO DAS TÉCNICAS

Cada vez mais abertamente se difunde, hoje, a ideia de que não existem doenças, mas doentes. Estudiosos do psiquismo humano, a partir do chamado efeito Kirlian, têm sugerido que certas deficiências de natureza energética, na aura do ser humano, podem configurar prenúncios de futuras afecções em órgãos correspondentes do corpo físico, a se manifestarem, portanto, antes de qualquer sintoma de doença ou alteração perceptível no campo celular. Isto porque no perispírito estão as forças plasmadoras das desarmonias, congênitas ou adquiridas, bem como, em sentido oposto, os fatores que mantêm a saúde e estimulam o progresso.

Esse modelador plástico, sendo passível de assimilar ou desassimilar energias psíquicas e vitais, além de outras de procedências várias, enseja que indivíduos, mentalmente saudáveis, beneficiem outros, momentaneamente deficitários no seu tônus vital, através de um sistema terapêutico natural – os passes –, que mais não faz do que acionar e sustentar a força regeneradora presente em cada pessoa.

Daí se afirmar que, em verdade, é a Natureza que cura. Mas a *Natureza não dá saltos*, de modo a nos advertir a respeito da dinâmica própria de seu processo de transformações, que segue o seu curso inexorável. Essa lei, todavia, não invalida a regra de que essa mesma Natureza pode e deve ser ajudada pela criatura quando se dispõe, pela força da vontade, ao autodescobrimento e à construção interior. Esse programa de autoajuda se fará acompanhar de pensamentos otimistas, despojamento consciente de mágoas e ressentimentos e abandono em definitivo dos vícios, até a chegada do grande momento do amor, quando, então, não se faz necessário nada mais combater mas, simplesmente, entregar-se a essa divina inspiração que afasta todos os obstáculos, projetando o ser para além de seus limites.

Com isso, queremos inferir que os maiores entraves à cura são de ordem intrínseca ao indivíduo, caracterizados por traumas, bloqueios, acomodações a padrões convencionais, memórias não harmonizadas com a consciência, medo de arriscar mudanças desafiadoras. Esses entraves se escondem nas camadas profundas do inconsciente, destilando fluidos que, de tão enraizados com as estruturas perispirituais, permanecem inacessíveis à lixiviação[37] que o passe realiza em nós. Só o desbloqueio através da palavra sugestiva, o *solvente* da prece profunda e sincera e o impacto das provas conseguem alijá-los paulatinamente.

Daí porque a terapia pelos passes não pode ser isolada, mas acompanhada da conversação amiga, à feição de

---

37. *Lixiviação*: Ação ou resultado de lixiviar; operação que, por meio de lavagem, separa de certas substâncias os sais que elas contêm; dissolução dos elementos solúveis que fazem parte de uma matéria pela ação de ácidos, solventes etc. (nota da Editora).

Terapia pelos passes

uma terapia psicológica, e do trabalho no bem que funciona como terapia grupal. Esse procedimento, todavia, deve ser feito fora da sala de passes, por outra pessoa que não o passista, numa atividade especializada de Atendimento Fraterno.

Alphonse Bué define saúde – e ele afirma com propriedade que só há uma saúde, uma moléstia e um remédio – como o equilíbrio de um duplo movimento de absorção e eliminação, condensação e dispersão, receitas e despesas.[38] Daí deduzir-se que a energia está em contínuo movimento em nosso ser integral (Espírito, perispírito e corpo) e que a doença tem relação com as alterações na circulação harmônica desse fluxo, o qual pode sofrer bloqueios, perdas excessivas e incontroladas para o meio, ou assimilação inadequada, aumentando o desgaste biológico e psíquico do indivíduo.

O papel do passe espírita é equilibrar o movimento e a atividade das forças vitais através da ação de um doador encarnado que se associa a outro doador espiritual para transmutar energias pela força da vontade ativa (concentração) e através de sentimentos nobres (amor irradiante).

Não se trata de uma panaceia, mas de recurso inestimável, cuja eficácia dependerá, como as demais terapias, da transformação moral de quem doa e de quem recebe – o autoencontro –, que propiciará ao beneficiário, principalmente, a superação de traumas e conflitos, o desapego em relação às paixões e a liberdade mental indispensáveis à saúde.

---

38. BUÉ, Alphonse. *Magnetismo Curativo*, Tomo II, caps. II e III – 2ª parte (nota dos autores).

Quando um ser se volta conscientemente para outro no ato de socorrer, e o socorrido se coloca em posição receptiva, entram em atividade os centros de força do doador, a partir do coronário, que se encarrega de distribuir energias para os demais centros, de onde passam, via sistema nervoso, para os centros de força do beneficiário, restabelecendo o equilíbrio psíquico, emocional e físico. Para esse desiderato as mãos e os olhos do terapeuta funcionam quais válvulas controladoras do fluxo de saída de energia, as quais se abrem durante o passe para dar vazão às *virtudes* de que se faz instrumento.

O direcionamento dessas energias na saída é a etapa final do trabalho de passe, porque todo o potencial energético que o terapeuta é capaz de acionar depende de uma construção sedimentada ao longo do tempo e que não se subordina ao improviso de uma preparação apressada. Esse direcionamento, como toda ação consciente do homem no serviço objetivo do mundo, requer técnica, ou seja: um modo de fazer adequado para que se alcance mais facilmente o intento.

A técnica, todavia, não depende tão somente da condição intrínseca de quem doa o passe, nem da metodologia por ele aplicada; entram em jogo, também, a condição de quem recebe e, quiçá, uma gama imensa de fatores mesológicos difíceis de serem identificados e controlados. Quando esses aspectos, num determinado momento, se harmonizam e se completam, a cura se dá.

É condição indispensável para a cura a manifestação do amor, que se constitui a essência de todas as técnicas. É tolice pensar que as técnicas possam dispensá-lo, como tolice é supor que esse fogo divino – o amor – dispense o

Terapia pelos passes

conhecimento e a experiência que canalizam adequadamente a sua ação.

Na proposta da Casa Espírita a técnica se revestirá, sempre, da simplicidade, de tal modo que o doador de energias se entregue à tarefa com espontaneidade e não se veja induzido a, preocupando-se com a forma, esquecer o essencial, quebrando a sintonia com os bons Espíritos, que é fator primordial para o sucesso da atividade.

Ditas essas coisas, passemos ao mínimo de técnicas necessárias para um passe padrão, antes, porém, ressaltando que há técnicas relacionadas com a parte mecânica dos passes (os movimentos) e outras, mais sutis, referentes ao comportamento e habilidade psicológica do aplicador.

Com relação aos movimentos, basta-nos fixar nos leitores os seguintes princípios essenciais:

Primeiro, o *sentido das correntes energéticas:* estas circulam de cima para baixo, dos chacras superiores para os inferiores, sendo esse o sentido da movimentação das mãos. Assim sendo, não se deve magnetizar de baixo para cima, sob risco de se provocar dificuldades no paciente, mal-estares por força de um congestionamento fluídico que possa dar-se em função do um movimento contrário ao das correntes.

Segundo, a *proteção do campo magnético:* o campo é a área de irradiação de energias que se forma em torno da dupla em ação – passista e paciente –, onde são dispersadas e veiculadas. Essa área deve ser preservada. Esse campo pode vir a ser contaminado pelas energias de baixo teor deslocadas da aura de quem está recebendo o passe.

Terceiro, *o ritmo:* o passe é movimento rítmico; o ritmo é cíclico, como na vida. Cada movimento impõe outro de complementação e equilíbrio, entremeado de pausa para mudar a direção. Dispersão, pausa, assimilação ou doação, eis o ritmo no passe em três etapas bem caracterizadas.

Quarto, a *sintonia:* trata-se do ajuste inicial, o acoplamento fluídico que se faz indispensável, definida em magnetismo como contato. Esse contato se estabelece através de uma preparação, que tanto pode ser uma leitura, ou reunião doutrinária, que predispõe o beneficiário, uma apresentação entre pessoas, um gesto ou uma vibração simpática. Nunca começar um passe mecanicamente, simplesmente por começar. Também não é preciso que façamos longas conversações na sala de passes, onde, aliás, o silêncio é exigível. Receba o enfermo com um gesto, uma mesura e ele, que já foi preparado mais demoradamente por alguém, não terá dificuldade em se deixar permear por sua onda mental.

Então teremos o nosso passe padrão em três fases:

1ª Fase: dispersão

Através de passes rotativos sobre o *chacra* coronário, seguidos de movimento para baixo, duas a três vezes, à semelhança de passes longitudinais. Repete-se a operação por um tempo em torno de um minuto e meio a dois.

Essa sequência de operações dispersivas dá uma ideia de estarmos desembaraçando algo com as mãos e envolvendo nelas esse material recolhido para, em seguida, jogá-lo fora adiante. É nessa fase que os cuidados com o campo devem ser observados.

2ª Fase: repouso

Trata-se de uma simples pausa para mudar de movimento.

Terapia pelos passes

3ª Fase: doação

Faz-se com uma imposição dupla sobre o coronário, a uma distância controlada, conforme as necessidades do enfermo e que não deve ser muito demorada para não provocar uma irritação fluídica em quem recebe o passe.

Outros *chacras*, órgãos ou regiões localizadas podem ser estimulados por imposição das mãos, além da que se fez sobre o coronário, conforme as necessidades do paciente.

Outras técnicas estão disponíveis em livros especializados em magnetismo, todavia, no interesse do disciplinamento das atividades na Casa Espírita, e para que não se cultuem as preferências das pessoas mais exigentes, nem se estabeleça no público a perplexidade ante variações inúmeras e exageradas, optamos para que haja padronização, conforme o modelo que acaba de ser proposto ou outro igualmente válido.

Somente para exemplificar a diversidade infinita de técnicas, recorremos ao Espírito André Luiz, que narra um trabalho de passes desempenhado pelos Espíritos diretamente, em que o benfeitor Anacleto age de formas diferenciadas, atendendo pessoas diferentes numa mesma seção de ajuda.[39] Havemos de convir que para esses técnicos do Mundo espiritual, o domínio do conhecimento especializado e a visão espiritual são bem maiores do que os nossos, de encarnados, daí a segurança que apresentam.

Precisamos exemplificar, agora, os aspectos psicológicos das técnicas, e para fazê-lo recorremos a alguns exemplos da trajetória de Jesus na Terra, tão cheia de lições, em que o amor e técnica aparecem perfeitamente ajustados, quais termos de uma equação cujo resultado é o bem sem limites.

---

39. XAVIER, F. C. *Missionários da Luz*, cap. 19. Rio de Janeiro: FEB, 2004 (nota dos autores).

Projeto Manoel P. de Miranda / Divaldo Franco

Para cada situação o Mestre Divino aplicou uma metodologia. Sem robotizar a sua ação, não fugiu da simplicidade.

1º Exemplo: a hemorroíssa (Marcos, 5: 30 e 34)
– *[...]: Quem tocou nas minhas vestes?*
– *[...]: Filha, a tua fé te salvou. Vai em paz, e permanece curada do teu flagelo.*

A atitude de extrema humildade e de entrega total da mulher sofredora constituiu-se-lhe fonte de cura, criando condições para que ela aspirasse diretamente do manancial divino de que Jesus era (como é) o dispensador por excelência. As *virtudes* d'Ele emanavam independentemente de qualquer ação ostensiva e deliberada que intentasse realizar.

2º Exemplo: o servo do centurião (Mateus, 8: 8 e 13)

– [...]: Senhor, não sou digno de que entres sob o meu teto, mas somente te expresses por palavra, e o meu servo será curado.
– [...]:Vai! Como creste seja feito a ti; e o seu servo foi curado naquela hora.

Era preciso que uma fé, assim tão vigorosa e pura, a ponto de nenhuma outra em Israel se lhe igualasse, fosse atendida, como foi, apesar da distância...

3º Exemplo: a mãe extremada de Caná (Mateus, 15: 22 a 28)
– [...]: Senhor! filho de Davi! Tem misericórdia de mim, minha filha está horrivelmente endaimoniada [...]

Terapia pelos passes

– Não fui enviado senão às ovelhas perdidas da casa de Israel.

– [...]: Senhor, socorre-me.

– [...]: Não é bom tomar o pão dos filhos e lançá-los aos cachorrinhos.

– [...]: Sim, Senhor, mas também os cachorrinhos comem das migalhas que caem da mesa de seus senhores.

– [...]: Ó mulher, é grande a tua fé! Seja feito para ti, como desejas. E, desde aquela hora, sua filha foi curada.

A apelante não desejava mais do que migalhas, porque intuitivamente sabia que o mínimo que vem de Deus sempre basta.

Jesus aplica uma estratégia psicológica das mais interessantes: protela sua ação; espicaça, nega até. Uma ação deliberada diante da estrangeira para excitar-lhe a fé, revolver-lhe as entranhas morais de modo que ela mesma fornecesse elementos de resolução para a sua súplica. Jesus sabia que lidava naquele momento com alguém que não desanimaria ante os obstáculos e levou-lhe ao estado máximo de tensão psíquica, ensejando-lhe a liberação de recursos energéticos valiosos, dela própria, que Ele se encarregaria de potencializar para promover a libertação da obsidiada. Uma bela lição de cooperação: O "Tu" longínquo sempre estará pedindo passagem ao "Eu" propínquo para se manifestar.

4º Exemplo: os dez leprosos (Lucas, 17: 12 a 15)

[...], vieram ao encontro... Eles levantaram a voz, dizendo: Jesus, Comandante, tem misericórdia de nós.

– [...]: Ide e mostrai-vos aos sacerdotes. E sucedeu que, ao saírem, foram purificados.

Os dez leprosos nem sequer se aproximaram porque não lhes era lícito fazê-lo. Gritaram, à distância, envergonhados. Preciosas lições a tirar do fato: a cura não se deu imediatamente; os tecidos apodrecidos pela doença se foram regenerando enquanto os leprosos se puseram em marcha (indo eles), num admirável exemplo de ação retardada da ordem/apelo que Jesus endereçara às células adormecidas. Os leprosos se curaram porque creram e, crendo, se puseram em marcha. Que simbolismo admirável! Se tivessem desacreditado e não atendessem a ordem de buscar o sacerdote; se tivessem permanecido parados ou mantivessem o rumo por onde seguiam, não receberiam o benefício da cura.

A maioria de nós não curamos males porque não movimentamos as forças da alma; ficamos parados ou não seguimos a ordem de caminhar que nos é enviada por Deus.

5º Exemplo: os dois cegos de Jericó (Mateus, 20: 29 a 34)

– Senhor, filho de Davi, tem compaixão de nós!
Mas, a multidão repreendia-os para que calassem; eles, porém, gritavam cada vez mais:
– Senhor, filho de Davi, tem misericórdia de nós!
– Que quereis que eu vos faça?
– Que nos abra os olhos.
Condoído, Jesus tocou-lhes os olhos e imediatamente recuperaram a vista.

É preciso não temer a multidão que deseja abafar a disposição do homem de renovar-se, mas insistir, gritando mesmo, para ir ao encontro do caminho espiritual, apesar dos protestos da multidão indolente acostumada com a nossa cumplicidade.

Os dois cegos precisavam aproximar-se de Jesus, desvencilhar-se dos tentáculos da multidão, serem tocados pelo Emissário Divino em sinal de aceitação para uma nova fase de vida. Para o Mestre, o toque seria dispensável, para os cegos, não. E por eles Jesus os tocou.

6º Exemplo: o surdo-gago resgatado da multidão (Marcos, 7: 33 e 34)

Aparando-o da turba, em particular lançou os seus dedos nos ouvidos dele; após cuspir, tocou [com a saliva] a língua dele. Levantando os olhos para o céu [...] e lhe diz: "Ephphatá", que é "Abre-te."

Se os cegos de Jericó, do exemplo anterior, puderam por si mesmos soltar-se da multidão (que representa os vícios, paixões e ilusões da carne), o surdo gago não tinha forças em si mesmo para fazê-lo. O Mestre, apiedado, *tira-o da multidão*, toca-o, infunde-lhe o Hálito Divino através do *sopro curador* que veicula através da saliva, à feição de um plasma de vida sintetizado em Suas entranhas, para despertar o irmão seviciado e aturdido, ali exposto à hilaridade pública.

A benfeitora Amélia Rodrigues,[40] comentando episódio semelhante, quando Jesus curara um cego em Betsaida

---

40. FRANCO, Divaldo. *Trigo de Deus*, cap. 11. Salvador: LEAL, 2014 (nota dos autores).

(Marcos 8: 22 a 26), do mesmo modo, tocando-lhe com saliva, afirma que o Mestre poderia ter agido de outro modo. Em verdade, Ele tem poder para tal. Como, porém, nada Ele fez diferente do que devia, podemos raciocinar que a materialização que imprimiu à Sua ação naquele momento tinha objetivos relevantes, que escapam talvez à nossa compreensão limitada.

7º Exemplo: o nado-cego (João, 9: 5 a 7)

– Enquanto estiver no mundo, sou [a] luz do mundo.
Ao dizer estas [coisas], cuspiu na terra, fez barro com a saliva, e aplicou o barro sobre os olhos dele. E disse-lhe: Vai, lava-te no tanque de Siloam, que interpretado é "Enviado".
Então, [ele] partiu, se lavou e voltou vendo.

Novamente Jesus se utiliza de Sua saliva como veículo de cura. Nesse episódio destaca-se, além desse fato, o simbolismo profundo da lição do Messias: *"Vai e lava-te"*. É preciso que o aspirante da cura se purifique, dirija-se ao reservatório divino para lavar-se, ali deixando suas mazelas. O plasma divino desce ao lodo da terra onde nossos pés se movimentam na experiência de viver, a ele se mistura para, levado aos olhos, tirar-nos a cegueira espiritual.

O passe espírita será, antes de tudo, uma transferência de qualidades em que a técnica do amor promoverá o milagre da renovação e da vida.
Na atuação de Jesus, o nosso Modelo e Guia, podemos acompanhar-lhe as técnicas – o gesto, o toque, a

Terapia pelos passes

materialização, mas, sobretudo, a espontaneidade de Seu amor irradiante, a preciosa força de Sua palavra, o jogo psicológico de Sua postura, desbloqueando a alma humana de seus conflitos – infundindo coragem para os doentes assumirem o comando de suas vidas.

Temos à disposição inúmeras técnicas que do Magnetismo o Espiritismo herdou, algumas carecendo de serem resgatadas através do estudo e da experimentação sérios. Mas, jamais haveremos de nos esquecer de que a técnica essencial do Espiritismo, como Consolador Prometido que é, não é outra senão a vivência da mediunidade com Jesus, de tal modo compreendida que o autoamor se constitua coroamento de todas as técnicas, a fim de que o amor se manifeste vitorioso e que os homens, sob a inspiração dos Espíritos, ajudem-se uns aos outros.

8

Entrevista com Divaldo Franco

Por José Ferraz, da Equipe do Projeto Manoel Philomeno de Miranda, em 18/10/94, na Reunião Doutrinária do Centro Espírita Caminho da Redenção

DIVALDO: Estamos padronizando as atividades terapêuticas em nossa Casa. Em a noite de hoje iremos ter uma entrevista a respeito dos passes, e depois realizaremos uma demonstração, para dar uma ideia da simplicidade dessa terapia alternativa de grande alcance e de excelentes resultados.

Objetivamos, com isso, padronizar o trabalho, evitando quaisquer tintas de misticismo, de superstições ou as complexidades que são normalmente do agrado das pessoas mais exigentes.

Porque as raízes do Espiritismo estão no seu lado ético-moral, no Cristianismo, temos por modelo Jesus Cristo, e será na prática utilizada por Ele que iremos beber a inspiração para a nossa atividade doutrinária, na sucessão dos tempos, em nossa Casa.

Projeto Manoel P. de Miranda / Divaldo Franco

JOSÉ FERRAZ: *Divaldo, o que é o passe espírita? Ele cura as nossas desarmonias íntimas com reflexos na mente, na emoção e no corpo? Se isso acontece, como esses mecanismos funcionam?*

DIVALDO: Iremos buscar as origens históricas do passe espírita nos tempos modernos, nas experiências de Franz Anton Mesmer, por volta de 1775, em Viena, quando o admirável médico austríaco apresentou à Universidade uma tese a respeito do intercâmbio das energias entre as criaturas humanas e os astros. A tese de Mesmer passaria à posteridade com o nome de fluidismo. Porque a Universidade de Viena considerasse a doutrina do admirável médico como anticientífica, ele recebeu uma proposta em duas alternativas: abandonar as suas experiências e ficar em Viena, ou abandonar Viena para dar curso ao seu trabalho de investigação. Mesmer optou por transferir-se para Paris, chegando à capital francesa numa época que precedia aos dias da Revolução de 89. Entre as clientes que atendeu no seu consultório podem ser recordadas Maria Antonieta e outras personalidades da corte de Luiz XVI.

Foi Maria Antonieta, principalmente, quem se tornou uma grande divulgadora da energia mesmérica... Encontrava-se, nessa época, em França, o admirável militar estadunidense, General Lafayette, que viajara à Europa para comprar armas. Diante da revolução operada por Mesmer através do *baquet* – uma grande tina de carvalho, na qual eram colocadas água e peças de metais imantados, em torno dela vários pequenos bancos e nela própria diversos orifícios por onde saíam hastes metálicas, que estavam introduzidas no ímã e nos demais elementos dentro da tina, que as pessoas seguravam para experimentar os choques convulsionais (daí o *baquet* ter

Terapia pelos passes

passado à posteridade com o nome de *tina das convulsões*) –, onde as pessoas, por esta ou aquela razão, entrando num estado alterado de consciência asseveravam estar melhorando dos problemas psicossomáticos de que eram objeto, e porque Maria Antonieta, que era portadora de uma grande enxaqueca, asseverasse haver-se curado ao sentar na tina das convulsões, ele manda essa experiência para a América, através de uma carta memorável, a fim de que chegasse ao Novo Mundo o último fenômeno que visitava Paris.

Depois da Revolução Francesa, o *baquet*, ou *tina das convulsões*, entrou em relativa decadência.

Mais tarde, por volta de 1825, as experiências mesméricas ganharam um admirável colaborador, o Marquês de Puységur, Armand M. Jacques de Chastenet, que se tornou um admirável magnetizador. A partir de suas experiências o fluidismo mesmérico passou a ser considerado como magnetismo animal. Ele morava em Buzanci e ali atendia larga cópia de pacientes da nobreza, da burguesia. E porque os pobres também recorressem ao seu auxílio, o marquês resolveu magnetizar uma árvore, um seibo, e os pacientes que a tocavam asseveravam assimilar energia, recuperando-se da problemática atormentadora.

Visitando Paris, o Marquês de Puységur teve oportunidade de magnetizar, nos Campos Elísios, uma árvore que passou a ter propriedades curadoras.

Nessa época, em 1828, chega a Paris o jovem professor Hippolyte Léon Denizard Rivail e, diante da moda que tomava conta dos gabinetes de pesquisas, ele também adotou o comportamento de magnetizador. Allan Kardec, pseudônimo pelo qual será conhecido mais tarde, torna-se grande magnetizador; e foi numa das sessões, na residência de madame Plainemaison, como magnetizador, com o Sr. Fortier, que ele teve contato pela primeira vez com as mesas girantes, numa terça-feira de maio do ano de 1855 (a data não foi anotada devidamente).

Então, esse magnetismo, mais tarde, a partir de 1856, foi aplicado na terapia de pacientes de vária ordem, quando um deles, de nome Walker, caiu em transe sonambúlico por estar com os olhos detidos em peça brilhante, que o seu magnetizador movimentava. Nascem daí, as primeiras experiências hipnológicas, que ficarão centralizadas na Universidade de Paris, especialmente para atender aos histéricos, durante a década de 1880–1890, nas memoráveis experiências de Charcot.

À medida que a Doutrina Espírita se popularizou, aquela aplicação de energias magnéticas passou a ter o contributo também fluídico, graças à interferência dos Espíritos que, invariavelmente, estão em contato com as criaturas humanas, e, *a posteriori*, essas experiências (hoje chamadas de terapia alternativa), principalmente no passe e na água magnetizada, tornaram-se uma forma de nós espíritas atendermos a pessoas que têm problemas.

O passe pode ser considerado sob vários aspectos: o passe magnético, quando a energia exteriorizada é chamada de energia animal, do próprio magnetizador; o passe fluídico, quando essa energia é caldeada com as vibrações dos Espíritos desencarnados que se utilizam do comportamento mediúnico para transmitir o contributo energético e salutar.

Essa mesma energia pode ser transmitida à água que, apesar de ser um corpo composto, é considerado dos mais simples; ela a assimila com muita propriedade. É uma repetição do fenômeno das Bodas de Caná, quando Jesus, a

Terapia pelos passes

pedido de Maria Santíssima, transformou a água, dando-
-lhe o sabor de vinho.

Essas experiências puderam ser estudadas carinho-
samente na Universidade McGrill, em Montreal, quando
um jovem médico, fazendo uma análise das sementes de
cevada, percebeu que elas não germinavam quando eram
banhadas em água salgada. Ele resolveu demonstrar que a
criatura humana possui uma energia capaz de neutralizar
os elementos naturais. Tomou de uma garrafa com água do
mar, nela colocou as sementes, magnetizou a garrafa e plan-
tou as sementes... Que germinaram. Ele levou a experiência
mais adiante: percebendo que essa energia havia partido de
uma pessoa saudável, utilizou-se de uma pessoa portadora
de alienação mental, que, magnetizando a garrafa, não conseguiu que as sementes germinassem.

Ele teve uma ideia mais cuidadosa: tomou três gar-
rafas, duas das quais com água do mar e uma com água
potável, colocou as sementes e deu a uma pessoa detentora
de magnetismo a oportunidade de transmitir a sua energia
à primeira garrafa (com água do mar); à segunda garrafa
(também com água do mar) ele pediu a uma pessoa que
não tinha irradiação magnética para que transmitisse suas
forças; e à terceira garrafa, aquela com água potável, onde
estavam as sementes que tecnicamente deveriam germinar,
ele pediu a um alienado para magnetizá-la. E o resultado foi
surpreendente: na primeira garrafa que tecnicamente não
oferecia condições para que as sementes germinassem, todas germinaram; na segunda garrafa, também com água
do mar, que havia sido magnetizada por pessoa neutra, as
sementes não germinaram; e na terceira, que continha água
potável, saudável, portanto, que foi magnetizada por um

alienado, este matou as propriedades germinativas das sementes, as quais não se reproduziram.

Ele repetiu a experiência milhares de vezes e, graças a esse esforço, provando que o homem pode transmitir energia saudável ou perturbadora de acordo com o seu estado anímico e de saúde, ganhou uma grande dotação dos laboratórios CIBA para dar prosseguimento às investigações.

Ora, a transmissão da energia produz resultados saudáveis ou negativos, a depender do fulcro que se irradia dela mesma. Quando se trata de pessoas saudáveis, física, psíquica e moralmente, essa energia recompõe os tecidos porque vai atuar no perispírito, restabelecendo o equilíbrio vibratório para a multiplicação e a renovação das células. Tanto tem ação de natureza emocional, na área psicológica do indivíduo, como psíquica, nos problemas de alienação mental e de tormento obsessivo, como também do refazimento orgânico, por proporcionar ao perispírito a recomposição energética das células que, ao se multiplicarem saudáveis, substituem aquelas degeneradas, que já não se multiplicam.

Então o passe espírita é a transmissão da energia através de uma pessoa que, orando, vinculada ao Psiquismo Divino, sintoniza com as Entidades do Bem para realizar a ação da caridade.

JOSÉ FERRAZ: *Qualquer pessoa pode aplicar passe ou se exigem determinados requisitos?*

DIVALDO: Qualquer pessoa pode aplicar passe. O que merece considerar é a consequência da transmissão da energia.

Terapia pelos passes

Uma pessoa caracterizada pelas veleidades morais, vinculada aos vícios chamados sociais, dependente de drogas químicas e de hábitos censuráveis da promiscuidade sexual e comportamental; as pessoas que agasalham ideias pessimistas, que cultivam a maledicência e os vícios morais, não têm condições de aplicar, de maneira saudável, o passe com objetivos curativos. Pode possuir energia, mas essa energia é deletéria conforme o comportamento do indivíduo. Para contribuir a favor da saúde de alguém é necessário desfrutar de saúde moral, de saúde física, de saúde psíquica, porque somente uma pessoa harmônica pode emitir vibrações equilibradas para sintonizar como o psiquismo em perturbação daquela que se encontre doente.

Para que se venha a aplicar passes, abandonando hábitos mundanos e modificando a sua estrutura comportamental, tornam-se exigíveis: primeiro, a mudança do direcionamento mental, com o cultivo de ideias otimistas, depois uma alimentação saudável, rica em elementos nutrientes, e não aquela carregada em toxinas eliminadas pela energia que vem do interior do indivíduo para o mundo exterior, no momento da transmissão, comprometendo o passe. Mas são especialmente na conduta moral e nos hábitos espirituais, graças a cujo comportamento se atraem Espíritos equivalentes, que está a grande responsabilidade de quem deseja aplicar passes. É, portanto, conveniente, sob todos os aspectos, que o pretendente à atividade terapêutica, na área dos passes, realize uma mudança de comportamento para melhor e procure tornar-se realmente um terapeuta de natureza espiritual, a fim de que a sua contribuição não seja negativa e possa realmente ajudar o indivíduo a libertar-se das suas problemáticas.

JOSÉ FERRAZ: *Existem duas expressões do Mestre Jesus que nos chamam a atenção nos fenômenos de cura: "que queres que eu faça?" e "a tua fé te curou". Qual o significado dessas duas frases na visão espírita?*

DIVALDO: Nem sempre sabemos o que é para nós, melhor. Aquilo que hoje nos significa o melhor, amanhã, talvez, seja causa de nossa desventura. E Jesus, porque conhecia essa nossa oscilação emocional, quando o homem foi pedir-lhe ajuda e, outras vezes, quando os necessitados d'Ele se acercavam, Ele lhes perguntava: "O que queres que eu te faça?" Invariavelmente as pessoas redarguiam: "Que me cures". Porque era o seu grande problema. E a grande psicoterapeuta alemã, Anna Wolf, diz que Jesus não apenas curava as sequelas dos males orgânicos, mas que aquele que mantinha um contato com Ele, quando levava as suas doenças, encontrava uma renovação íntima tão profunda que a sua era a cura moral, atingindo-lhe o fulcro espiritual.

Na pergunta *que queres que eu faça?*, o Espiritismo vê o que nós poderemos oferecer a quem nos busca, nem sempre conforme o que a pessoa quer, mas conforme o que a pessoa tem necessidade para evoluir. Muitas vezes, a dor que nos amesquinha e que aparentemente nos infelicita é o que há de melhor para o nosso momento, já que através dela amadurecemos para ensejar-nos colheita de frutos opimos e sazonados, mais tarde.

A fé é o estado de receptividade, porque, se ao doador de energia são exigíveis requisitos essenciais para se colimarem efeitos superiores, àquele que se candidata a rece-

Terapia pelos passes

ber também são exigíveis requisitos específicos para poder beneficiar-se.

O Swami Sai Baba tem uma bela imagem numa parábola. Diz ele que existem pedras que estão no fundo do mar há milhões de anos; estão envoltas pelas águas abissais; se as arrebentarmos, elas estarão secas por dentro, porque não se deixaram permear. E existem outras, que apenas o sereno da noite consegue penetrá-las; e, se nós as arrebentarmos, encontrá-las-emos úmidas no seu interior. As pedras, para Sai Baba, são as criaturas humanas: há pessoas que se encontram muitas vezes mergulhadas no oceano do conhecimento divino e permanecem impermeáveis; não se deixam sensibilizar; as suas necessidades são supérfluas, são sempre exteriores; interiormente estão secas, são frias, indiferentes. E outras, muitos sensíveis, facilmente assimilam as boas ideias, beneficiam-se das informações, deixam-se penetrar pelas energias.

Logo, todo aquele que se candidata à terapia do passe, como beneficiário, deve ser receptivo. Deve abrir-se para que as vibrações nele penetrem e atinjam-lhe o perispírito.

Essencialmente, o indivíduo – rezam velhas tradições esotéricas – é constituído de sete fulcros ou chacras, ou centros de força. Particularmente o chacra coronário, que fica na região da glândula pineal e que é a sede do conhecimento de ordem divina, é o fulcro da inspiração superior.

O beneficiário, candidato à terapia, deve estar psiquicamente receptivo para que as energias penetrem-no e, posteriormente ao passe, obedecer ao que chamaríamos uma dieta. Qualquer terapia tem a prescrição médica, o tratamento e a dieta. Inutilmente um portador de diabetes tomará a insulina para manter o equilíbrio glicêmico e, de imediato, comerá açúcar, em uma atitude de total desrespeito pela terapia a que se submete. Também o paciente da terapêutica do passe, não apenas deve tornar-se receptivo, mas trabalhar para se melhorar, a fim de que a energia que recebe penetre-o demoradamente e, ali transformada, por si mesma possa multiplicar-se a benefício da sua saúde. Se, ao terminar uma reunião em que fomos atendidos pelo passe, dirigirmo-nos a recintos agressivos, buscarmos os lugares de perturbação, entregarmo-nos a licenças morais, estaremos combatendo a energia favorável através de outra energia violenta. Por consequência, os efeitos positivos serão anulados.

JOSÉ FERRAZ: *Existe necessidade de incorporação mediúnica para a aplicação do passe?*

DIVALDO: Nenhuma necessidade, já que se pode magnetizar pela própria energia, como faziam Allan Kardec e os magnetizadores do passado. A incorporação mediúnica tem outra finalidade.

Quando os Espíritos vêm comunicar-se conosco e trazem as suas mensagens, fazem-no em movimentos próprios, adrede estabelecidos. Durante a terapia pelos passes não é conveniente a incorporação mediúnica, para evitar a mística e a superstição, e também o desgaste do próprio passista, porque durante o fenômeno de incorporação há um desgaste de energia ectoplásmica, uma perda de energia curativa. Esses dois desgastes irão perturbar o equilíbrio psicossomático do agente aplicador de passes.

Buda tem uma imagem que nos parece muito esclarecedora:

Terapia pelos passes

Uma vela que está acesa numa extremidade terá um tempo em que o combustível manterá a chama iluminando. Mas, se a acendermos pelos dois extremos, naturalmente o combustível se gastará com muito maior rapidez.

A pessoa que aplica passes, estando incorporada, vai ter uma despesa de energia desnecessária. O que acontece, no entanto, quando se faz a aplicação do passe em estado de lucidez e de consciência? No breve intervalo do repouso entre um passe e outro, o organismo se refaz qual ocorre na transfusão de sangue. Terminada a operação, alguns minutos de repouso permitem que o organismo elabore nova quantidade de energia, às vezes maior, pelo estímulo, para manter o equilíbrio do aparelho circulatório.

Então, não é necessária a comunicação mediúnica para se aplicar o passe. Se ela ocorre, deve-se ter muito cuidado, porque somente os Espíritos desocupados, aqueles que não são Entidades venerandas, podem permitir-se o luxo de estar comunicando-se conosco frivolamente para todas as coisas. Qualquer um de nós que tenha responsabilidade, uma vida moral, social, funcional comprometida não pode atender a quem apareça a qualquer instante.

Não negamos que haja comunicação, mas não aceitamos como de qualidade superior e, sim, de Entidades frívolas, desocupadas, Espíritos que se aproveitam do momento para dar mensagens, normalmente de teor negativo, para influenciarem as pessoas trazendo informações descabidas, notícias de magias, de *coisas feitas*, de pessoas que nos invejam, suscitando-nos estados perturbadores. As Entidades nobres nunca, sem exceção, dão notícias perturbadoras. Carateriza-as a elevação de princípios.

Allan Kardec, que foi o protótipo do ser com uma tarefa específica, era portador de um aneurisma, e o seu médico, o Dr. Demeure, sempre o advertiu para que trabalhasse menos. Do além, o Dr. Demeure voltou mais de uma vez – e Kardec anotou em sua Obra – para convidá-lo a diminuir a intensidade do trabalho, ao que o codificador redarguiu que preferia a doação total, mesmo com o sacrifício da própria vida, a uma atitude cômoda, sem que realizasse a tarefa a que estava acostumado.

Daí, quando existem as comunicações mediúnicas e as pseudoinformações de Entidades, dando estas e aquelas notícias negativas, deveremos rechaçá-las, porque são Espíritos embusteiros, mistificadores, que se comprazem em gerar animosidades.

O objetivo de uma doutrina como o Espiritismo e de uma faculdade nobre como a mediunidade é levantar o ânimo, nunca diminuí-lo; encorajar, jamais perturbar. E quando notam os bons Espíritos que algo de mal está a suceder-nos, ajudam-nos sem nos dizerem, e quando nos dizem, é por meio de uma linguagem muito elevada, para que concluamos por nós próprios, a fim de os não responsabilizarmos pelos nossos atos. Daí, na terapia pelos passes, deve-se evitar a comunicação mediúnica.

JOSÉ FERRAZ: *Divaldo, onde se devem aplicar passes?*

DIVALDO: Na Casa Espírita.
Onde se devem fazer cirurgias de grande porte? Nos hospitais. Onde se deve fazer um leve curativo? Em qualquer lugar.

Terapia pelos passes

O passe espírita é uma atividade de profundidade. Muitas vezes, no momento do passe, as Entidades venerandas realizam cirurgias perispirituais. Pessoas que têm *células fotoelétricas* (usamos essa na falta de outra expressão) implantadas no cérebro, no cerebelo, ou que têm determinados implantes em órgãos enfermos são beneficiadas por esses benfeitores, que se utilizam dos momentos de concentração do paciente e de harmonia com o agente do passe para realizar tais cirurgias.

No Centro Espírita, sim, por se tratar de um lugar onde existe um clima psíquico apropriado, onde se encontram condições mesológicas, porque ali os Espíritos colocam equipamentos especiais de que se utilizam.

Em emergência, pode-se aplicar o passe em qualquer lugar. O essencial é a condição do agente e, como consequência, a receptividade do paciente. Pode-se aplicá-lo no lar, naqueles que o habitam, ao término do culto evangélico, ou quando se torna uma necessidade. Não por hábito, para não descaracterizá-lo, evitando-se que se torne rotina, repetição de natureza negativa e, às vezes, enfadonha. Num hospital, quando as circunstâncias assim o exigirem. Mas, o ideal é que a terapia pelos passes seja aplicada no lugar conveniente que é o Centro Espírita. E por que aí? Porque no Centro Espírita a pessoa antes faz uma terapia psicológica, ouve para poder libertar-se de ideias que não correspondem à realidade, faz uma psicanálise de grupo, recebe uma onda vibratória essencial e vai, naturalmente, relaxar, por causa do próprio psiquismo ambiente, tornando-se facilmente receptiva.

❖

JOSÉ FERRAZ: *Como atuam os bons Espíritos no momento da aplicação dos passes?*

DIVALDO: Sempre através do perispírito. A velha tradição que nos levou a cunhar a palavra incorporação mediúnica deixa-nos uma ideia falsa da realidade, porque incorporação induz à ideia de interpenetração, semelhante à água que se adentrasse num vaso. Os Espíritos não entram em nós para acionar-nos.

Em *A Gênese*, capítulo 14, item 7, Allan Kardec fala das propriedades do perispírito e, entre outras, reporta-se à expansibilidade. Gabriel Delanne, no admirável livro *A Alma é Imortal*, estuda, em profundidade, o perispírito, também se referindo a essa expansibilidade. Ora, quando nos concentramos, o ser perispiritual agiganta-se, o que permite a ampliação da aura, e ao fazermos uma viagem em desdobramento parcial pelo sono, o perispírito nos libera da matéria, parcialmente.

Quando a Entidade vem para o fenômeno mediúnico acopla-se, perispírito a perispírito, colocando a mão sobre o braço do médium para escrever, para acionar o mecanismo perispiritual, ou sintoniza no centro cerebral (que é o centro das faculdades psíquicas, da memória, da inteligência, dos automatismos) para que o fenômeno mediúnico ocorra de forma mecânica, semimecânica ou consciente, ou mantém o seu psiquismo no centro cerebral laríngeo, também no solar, para o fenômeno da psicofonia, produzindo o automatismo a que chamamos incorporação.

No momento da aplicação do passe, o Espírito mentor ou as Entidades especializadas – já que há técnicos no Mundo espiritual – acercam-se e acionam o perispírito do médium para que os movimentos rítmicos sejam mentalmente direcionados por eles enquanto a mente do agente está concentrada no bem, orando, realizando visualizações positivas para o paciente, a fim de envolvê-lo na sua própria irradiação, razão pela qual não é conveniente a incorporação mediúnica.

JOSÉ FERRAZ: *As técnicas usadas na aplicação dos passes têm alguma influência nos seus resultados?*

DIVALDO: Toda técnica é um contributo especializado para mais rapidamente se alcançar uma finalidade.

Jesus, pelo Seu alto poder de dínamo gerador, deu-nos a prova de que as técnicas são meios, mas não se tornam essenciais. Recordemos alguns fatos:

Chega o cego, Jesus cospe na areia e faz lodo, passa-lhe nos olhos e diz-lhe: – *"Agora vai lavar-te no poço de Siloé"* – que era um poço, uma piscina muito famosa nos arredores de Jerusalém – porque a tradição dizia que, periodicamente, os anjos *desciam*, moviam as águas e o primeiro enfermo que nelas caísse após a *agitação* adquiria a cura momentânea. Então, o cego vai, lava os olhos e recupera a visão. É uma técnica.

Ao jovem obsidiado de Gadara, quando o Mestre passa pelo cemitério e o doente grita: – *"Jesus de Nazaré, que tens Tu contra nós?"* Ele pergunta: – *"Quem tu és?"* – *"Nós somos Legião, porque somos muitos aqueles que estamos neste corpo"*. Ele impõe: – *"Legião, eu te ordeno: sai dele"*. E os Espíritos saíram porque Lhe obedeceram a força vibratória. Outra técnica.

Outra vez, uma paciente portadora de obsessão física que a tornava corcunda, andava para cá e para lá, na Sinagoga. Jesus chamou-a, colocou-lhe a mão no dorso espinhal e corrigiu-lhe a imperfeição, libertando-a da constrição física do obsessor que a tornava uma atormentada.

Diante da mulher que lhe tocou as vestes, a hemorroíssa, Ele perguntou a Pedro: – *"Quem me tocou?"* –, e Pedro, que era muito humano (eu gosto de Pedro porque era parecido conosco), diz-Lhe assim:

> – *Como é que eu vou saber? Numa confusão destas, o povo empurrando, e o Senhor me pergunta quem me tocou? –, ao que Jesus responde:*
> – *Simão, alguém me tocou, porque eu senti de mim desprender-se uma virtude.*

Nesse momento, a mulher desvelou-se (ela, que já havia consultado os médicos da época e tinha vergonha de sua doença e que Lhe tocara a roupa impregnada de magnetismo): *"Fui eu, Senhor"*. E o fluxo hemorrágico desapareceu.

Mas quando vai até Ele, o centurião e diz-lhe:

> – *Senhor, se Tu quiseres, o meu servo pode curar-se; não é necessário ires lá, porque eu sou um homem que comanda homens; eu digo aos meus homens: vão para ali, venham para aqui e eles obedecem. Eu sei que se Tu quiseres, os Teus irão e atenderão o meu servo que está muito mal. Jesus disse: – Não há uma fé igual a desse homem em toda a Israel. Vai, o teu servo está curado.*

Ele foi, e o servo estava curado. Aquele centurião poderia ser considerado um pesquisador, porque ele perguntou a que horas se havia curado o seu servo (para conferir se correspondia à hora em que estivera com Jesus). Disseram-lhe o momento e ele constatou que a cura se houvera dado enquanto dialogava com o Mestre.

Noutra oportunidade, a mulher caminhava acompanhando o féretro da própria filha, e porque chorava muito, Jesus contemplou o corpo e viu que a menina não estava morta, mas em catalepsia. Ele mandou tirar o envoltório e disse: – *"Talita, cumi"* (levanta-te e anda). E ela se ergueu. O mesmo Ele disse a Lázaro (dessa vez no dialeto arameu, embora a tradição tenha apresentado a fórmula no latim clássico): – *"Surge et ambula"* (levanta-te e anda).

Ora, Ele possuía essa força de irradiação, e nós, que não temos o mesmo poder, utilizamo-nos de algumas técnicas, devendo, todavia, preservar as mais simples, aquelas que sejam mais enriquecidas de doação para que, em primeiro lugar, a preocupação com a técnica não nos desvie da intenção de ajudar o paciente, e segundo, para que não fiquemos presos a fórmulas e formas, esquecidos do conteúdo, qual aconteceu com as outras doutrinas que se preocupam muito com o exterior e perderam a vitalidade interior.

JOSÉ FERRAZ: *Divaldo, agora nos demonstre um passe padrão, explicando-o detalhadamente para que o entendamos.*

DIVALDO: Antes de fazê-lo, abramos um parêntese:
Pressupomos que o paciente tem um problema que não nos revelou – e não devemos ter a leviandade de invadir a privacidade das pessoas que nos procuram, para nos intei-

rarmos dos seus problemas. É necessário respeitar muito a vida íntima dos que nos buscam, para não nos tornarmos detentores de segredos e depois, consciente ou inconscientemente, fazermos chantagem. O problema de cada um merece todo respeito, é de sua propriedade.

Se a pessoa, espontaneamente, nos diz, peçamos para não entrar em detalhes constrangedores porque, no momento do impacto, ela abre a alma e depois se arrepende, fica constrangida e afasta-se; ou, outras vezes, nós, por deficiências do emocional, não captamos bem (cada um ouve e sente conforme a sua capacidade) e interpretamos errado, gerando situações embaraçosas. Muito respeito ao próximo é uma questão que caracteriza a atitude do espírita e o conteúdo do Espiritismo. Um problema, não nos importa qual, e como o chacra coronário é o centro da vida divina e o fulcro por onde entram as energias para nos vitalizar o organismo, iremos concentrar a nossa atividade nesse chacra, que está na parte superior do crânio, ele próprio situado na sela túrcica, na base do cérebro, onde se localiza a glândula pineal ou epífise (André Luiz, em *Missionários da Luz,* cap. 2, estuda em profundidade a função psíquica dessa glândula).

Então, pressupomos a pessoa com um desequilíbrio de qualquer natureza: a nossa primeira atitude é eliminar o fator perturbador, diríamos, retirar as energias deletérias através de movimentos rítmicos. Sabemos, hoje, através da doutrina do biorritmo, que tudo no Universo obedece a ritmos, sendo desnecessário apresentar explicações. As leis de gravitação universal, a circulação do sangue, os batimentos peristálticos..., toda vida transcorre em ritmos equilibrados.

Através de movimentos rítmicos iremos retirar essa energia que supomos negativa. Quer se trate de uma obsessão,

Terapia pelos passes

de uma distonia psíquica ou de um desequilíbrio orgânico, centralizaremos o chacra coronário. Se a pessoa que estamos atendendo falou-nos que tem uma problemática cardíaca, uma disfunção hepática ou um problema pulmonar, iremos atuar no chacra correspondente. Mas, no início, sempre fazer a *limpeza* no coronário.

Terminada essa fase, que deve durar o tempo em que oramos um *Pai-nosso* – para dar uma ideia de tempo e não ficarmos preocupados, vamos orando suavemente um *Pai Nosso* e aí teríamos a dimensão de um minuto e meio a dois minutos, para não ficar cansativo e monótono para quem recebe e para quem aplica, nem também muito rápido (um *meio passe*, como disse uma amiga minha) – faremos uma pausa e aplicaremos a energia que o organismo do paciente vai absorver para restaurar-lhe o equilíbrio.

Assim, dividimos esse passe simples em três momentos: assepsia, repouso e doação. Ainda na limpeza, devemos ter o cuidado com o campo vibratório, que é toda a área que envolve a pessoa. Quando estivermos fazendo a assepsia de campo, tiraremos a energia negativa e esse campo (por onde nossas mãos passarão) obviamente ficará saturado dessa energia. Por isso, ao retornar as mãos, fá-lo-emos por um campo neutro, por dentro (próximo ao nosso corpo). Retiramos e retornamos, repetidamente, sem que isso venha a se transformar num ritual.

O Espiritismo não tem ritual, não tem formalismo, não tem cerimonial.

Agora esclarecidos, vamos aplicar o passe. Tomemos uma postura agradável: um pé à frente, o outro atrás, para nos movermos sem nos desequilibrar. Evitemos a respiração sobre a face do paciente. Não é necessário, aqui, nos reportarmos aos cuidados da higiene, porque é muito desagradável alguém descuidado acercar-se de outrem produzindo náuseas ou reações compreensíveis. Tenhamos bastante cuidado com os nossos odores, para não criarmos constrangimentos nem reações próprias da nossa condição de pessoas humanas.

Não falamos só da higiene corporal, porque esta é óbvia. Mas, ao passista, exigir-se-á muito mais: quando ele, ao transpirar, sentir-se sem a condição física, ceda o lugar a outro, porque não deve ter a pretensão de ser o *salvador do mundo*; se ele se salvar a si mesmo já é grande coisa; e se ele ajudar alguém, é um coroamento. Não deveremos respirar resfolegadamente. Há pessoas que, para impressionar, resfolegam e agitam-se, e movem-se... Isto é só para impressionar, não tem nenhum efeito, nenhum valor. O passe, é obvio, não depende de força muscular; quanto mais discreto, rítmico, nobre, melhor o efeito.

Evitemos tocar nas pessoas. Não é necessário segurá-las, puxar dedos, puxar braços... São superstições, são *quejandos* que nós colocamos em uma terapia superior para impressionar.

Está no Evangelho: *"Não é por muito chamar: Senhor, Senhor, que se entrará no Reino dos céus"*. E o profeta Isaías dizia: *"Esse povo honra-me com os lábios, mas não me tem no coração"*.[41] Portanto, o passe é uma terapia eminentemente psíquica, de perispírito a perispírito, de alma a alma. Agora, se notarmos que o paciente está muito concentrado, poderemos dar um ligeiro toque, como dizer-lhe: *"Já terminei"*. O fato de sairmos do seu lado, na maioria das vezes, é o

---

41. Mateus, 15: 8 (nota de Divaldo Franco).

Terapia pelos passes

suficiente para que ele perceba que terminamos e volte serenamente à sua postura regulamentar.

Como vimos, é uma terapia simples. Tudo o que encontrarmos de arranjo e de exageros são enxertos pessoais que não têm nenhum valor real.

9

PASSES EM REUNIÕES MEDIÚNICAS

(ENTREVISTAS)

*1– Por José Ferraz, em 04/07/96,
no Centro Espírita Caminho da Redenção*

JOSÉ FERRAZ: *O que acontece quando o beneficiário está em melhores condições vibratórias espirituais do que o médium passista, no transcorrer dos passes?*

DIVALDO: Quando o médium passista se propõe ao ministério socorrista forrado de sentimentos elevados, possuidor de uma conduta salutar e vinculado aos Espíritos nobres através da sintonia pelo bem que realiza, em um momento especial, no qual se encontre em situação vibratória menos feliz, ao aplicar a energia renovadora a outrem que se apresente em melhor situação, estabelece-se uma corrente de harmonia entre ambos e o necessitado recebe enquanto pensa estar transmitindo. Jesus asseverou que *mais se dá àquele que mais dá*. Passada, porém, a fase de desajuste vibratório, deve ele recompor-se, mantendo o seu estado de equilíbrio espiritual.

JOSÉ FERRAZ: *É recomendável a aplicação de passes individuais em todos os participantes das reuniões mediúnicas, antes de iniciar-se as atividades de intercâmbio espiritual? Neste particular, como se deve proceder no final?*

DIVALDO: Não há razão para que se tomem passes em todos os momentos, especialmente quando não são notadas necessidades específicas para o mister.

Ao iniciar-se uma atividade espírita, o estudo, a oração, a concentração constituem recursos valiosos para vincular aqueles que se reúnem às Fontes Superiores da Vida.

Normalmente, procedendo o momento do intercâmbio, são realizadas leituras e feitos comentários espíritas, que predispõem todos à harmonia indispensável ao êxito do empreendimento mediúnico. Desse modo, torna-se perfeitamente dispensável a terapia pelo passe.

Ao terminar o labor socorrista na atividade mediúnica, é de bom alvitre que se apliquem energias refazentes, coletivamente, nos participantes do cometimento, atendendo-se, quando se fizer necessário, em especial, a algum dos membros da equipe mediúnica que haja experimentado desgaste de energia em razão de alguma comunicação menos feliz de que haja sido instrumento.

JOSÉ FERRAZ: *Devem-se aplicar passes nos médiuns em transe? Sendo recomendável, enumere as circunstâncias. Quando se deve agir especificamente para beneficiar o médium ou o Espírito? As técnicas a serem utilizadas e as finalidades, quais são?*

DIVALDO: Acredito que os médiuns em transe somente deverão receber passes quando se encontrem sob ação perturbadora de Entidades em desequilíbrio, cujas emanações psíquicas possam afetar-lhes os delicados equipamentos perispirituais. Notando-se que o médium apresenta estertores, asfixia, angústia acentuada durante o intercâmbio, como decorrência de intoxicação pelas emanações perniciosas do comunicante, é de bom alvitre que seja aplicada a terapia do passe, que alcançará também o desencarnado, diminuindo-lhes as manifestações enfermiças.

Nesse caso, também será auxiliado o instrumento mediúnico, que terá suavizadas as cargas vibratórias deletérias. Invariavelmente, em casos de tal natureza, devem-se objetivar os chacras *coronário* e *cerebral* do médium, através de movimentos rítmicos dispersivos, logo após seguidos de revitalização dos referidos *centros de força*. Com essa terapia pode-se liberar o médium das energias miasmáticas que o desencarnado lhe transmite, ao tempo em que são diminuídas as cargas negativas do Espírito em sofrimento.

JOSÉ FERRAZ: *Para induzir a comunicação em médiuns inexperientes é válida a aplicação de passes? Qual a técnica recomendável? Qual a finalidade e até que momento se deverá fazê-lo?*

DIVALDO: No início dos trabalhos mediúnicos, quando estejam principiantes no exercício das suas faculdades, é de relevante significado o auxílio através dos passes, de modo a liberar os centros de captação psíquica das cargas vibratórias que lhes são habituais e criam dificuldades para o registro das comunicações. A técnica deverá ser a mesma de que se utiliza quando o médium se encontra em transe, já referida anteriormente. Aplicados os recursos liberativos por alguns minutos de breve duração, deve-se estimular, mediante palavras alentadoras, o trabalhador inexperiente, a fim de auxiliar na realização do fenômeno, que especialmente depende do desencarnado, evitando-se que sejam geradas imagens e impressões de natureza anímica.

JOSÉ FERRAZ: *A quem cabe a função da aplicação de passes nas reuniões mediúnicas? Aos doutrinadores ou aos médiuns passistas alheios ao processo da doutrinação?*

DIVALDO: A tarefa de aplicar passes nas reuniões mediúnicas sempre cabe ao encarregado da doutrinação. Poderá ele, no entanto, solicitar a contribuição de outros médiuns, especialmente passistas, que devem estar preparados para o cometimento, sempre vigilantes para auxiliar. A razão desse cuidado decorre da natural vinculação que se estabelece entre o diretor dos trabalhos e os cooperadores, que se tornam mais receptivos, por motivo do intercâmbio vibratório que deve viger entre todos os membros.

JOSÉ FERRAZ: *A aplicação de passes, visando a desfazer construções ideoplásticas criadas pelos circunstantes –, tais como objetos variados, a saber: capacetes, armas, chicotes, etc. – é um procedimento válido? Até que ponto?*

DIVALDO: Vivemos em um mundo de vibrações e de ondas, nas quais as construções mentais se expressam com facilidade, dando surgimento a ideoplastias de vário teor, a se manifestarem em *formas-pensamento, vibriões destrutivos, fantasmas com características apavorantes* e fixações mais demoradas, que se transformam em instrumento de flagício para os próprios desencarnados como para os deambulantes na forma física. Desse modo, os passes longitudinais e circulares são de resultados salutares, por destruírem essas condensações de energia negativa e enfermiça. No entanto, é sempre de bom-tom que o médium se evangelize, para poder, ele próprio, desfazer essas constrições que lhe são aplicadas pelos desencarnados, mediante os pensamentos edificantes que conseguem diluir essas *materializações* de dentro para fora.

JOSÉ FERRAZ: *No processo da sugestão hipnótica para a regressão de memória e na sonoterapia, devem-se aplicar passes na Entidade sofredora? Sendo recomendável, qual a técnica a ser utilizada? Qual a contribuição que os passes fornecem para os resultados?*

DIVALDO: É de muita utilidade a aplicação de passes na Entidade sofredora, que se deseja conduzir à regressão de memória, bem como, quando se quer utilizar a terapia do sono, a fim de diminuir as aflições que se expressam durante a comunicação mediúnica. Estando a mente sobrecarregada de fixações perturbadoras, os passes conseguem desfazer as ideoplastias estabelecidas, as monoideias inquietadoras, rompendo as camadas vibratórias das emanações viciosas, facilitando o repouso do desencarnado, bem como a sua viagem ao passado, que sempre será realizada sob a orientação dos benfeitores espirituais, que se encarregam de dirigir a reunião desobsessiva. Nesses casos, ao mesmo tempo em que se procede à indução hipnótica, retiram-se os fluidos negativos que envolvem o perispírito do comunicante, mediante movimentos longitudinais e, de imediato, rotativos, no chacra *cerebral*, a fim de facilitar as recordações dos momentos geradores da aflição que ora se expressa em forma de sofrimento, revolta, perseguição impiedosa... Os resultados são muito positivos, porque identificadas as causas dos sofrimentos e realizada a conveniente psicoterapia, sucedem o despertar da consciência e o natural desejo de reparação naquele que descobre estar sem razão.

JOSÉ FERRAZ: *Além das perguntas formuladas, o que teria você a acrescentar, a fim de esclarecer e orientar os procedimentos e normas de aplicação de passes em reuniões mediúnicas?*

DIVALDO: A terapia pelos passes é recurso socorrista, que não deve ser vulgarizada, nem aplicada a qualquer pretexto, a fim de se evitarem condicionamentos e viciações. Como qualquer recurso, tem ela os seus momentos especiais, que foram aqui examinados e devem sempre ser cuidados com carinho e elevação moral, de modo que os resultados sejam sempre benéficos para todos os membros do conjunto de que constitui a reunião mediúnica, particularmente quando se trata de desobsessão.

Terapia pelos passes

Em algumas vezes, quando o médium encontrar-se exausto após alguma comunicação violenta, ou desgastado, será sempre recomendável, conforme já foi dito, que o doutrinador vigilante lhe aplique esse recurso terapêutico. No geral, antes do término do trabalho mediúnico, devem ser aplicados passes coletivos por alguns dos membros, para esse fim programados, enquanto o doutrinador, que também estará colaborando no ministério socorrista, procede ao encerramento da atividade.

2 – Por públio carísio de Paula,
em Viena (áustria), em 30/05/96.

PÚBLIO: *O passe cura qualquer tipo de doença?*

DIVALDO: O passe, ou transmissão de bioenergia, é valioso recurso para a recomposição das carências orgânicas, emocionais, psíquicas e espirituais da criatura humana, de que Jesus se fez o mais sublime Terapeuta de que a Humanidade tem notícia. Não obstante os seus efeitos valiosos, nem toda enfermidade pode ser sanada, mediante a simples aplicação dessa energia restauradora de forças.

Conforme nos ensina a Doutrina Espírita, somos o resultado daquilo que fizemos de nós mesmos. Assim, colhemos o que semeamos, e quando a ensementação é perturbadora, os seus frutos são amargos, necessitando que reparemos os erros cometidos. Desse modo, a saúde integral é consequência dos nossos comportamentos positivos e labores ascensionais logrados a esforços de reabilitação moral.

A cura, portanto, depende muito da cessação dos fatores que engendraram a enfermidade, embora a contribuição valiosa das energias aplicadas no paciente.

❖

PÚBLIO: *Allan Kardec, na Codificação, menciona o passe e suas técnicas? Como realizá-lo?*

DIVALDO: Sabemos que Allan Kardec, antes de tornar-se espírita, foi um excelente magnetizador, e mesmo após a divulgação da Doutrina, continuou aplicando energia curativa nos pacientes, o que motivou acreditar-se que ele houvesse sido médico.

Os fatores indispensáveis para o êxito do passe dizem respeito aos valores morais do agente, particularmente da qualidade de energia de que pode dispor e do sentimento de amor direcionado em favor do paciente. As técnicas, em consequência, são muito variadas, a dependerem das opiniões de diferentes estudiosos e terapeutas especializados. Preferimos, no entanto, a mais simples, a fim de que a preocupação com a forma não se transforme em impedimento com a qualidade do recurso. Jesus, em razão da Sua superioridade moral e espiritual, bastava desejar que o paciente se recuperasse e o fenômeno se dava muito facilmente. No entanto, Ele quase sempre preferiu o toque, com algumas exceções, cujos resultados sempre foram incontestáveis e imediatos.

PÚBLIO: *Qual o fundamento real para a utilização das técnicas divulgadas atualmente?*

DIVALDO: Acredito que a técnica, em qualquer área, sempre auxilia na execução do trabalho, sem que seja fundamental no labor do passe. Reconheço a sua validade, no entanto, não me preocupo com a sua forma de aplicação. Cada caso é algo especial, naturalmente exigindo formas específicas de atendimento, qual ocorre com o trabalho dos benfeitores espirituais. Na impossibilidade de poder identificar em profundidade a ocorrência que leva o indivíduo ao problema na área de saúde, prefiro a oração preparatória, um pequeno diálogo com o paciente, a fim de predispô-lo e sensibilizá-lo para o mister, buscando agir no denominado chacra coronário ou noutro que corresponda ao desequilíbrio de que se veja objeto o necessitado.

PÚBLICO: *Deverá o médium passista permanecer em jejum no dia da atividade?*

DIVALDO: Não há nada que o justifique. O jejum ideal é o de natureza moral e que deve ser permanente, criando condições de bem servir. Naturalmente, uma alimentação frugal antes das atividades evita problemas compreensíveis na área da digestão, em razão das toxinas eliminadas pelo organismo.

PÚBLICO: *Será oportuna a organização, no Centro Espírita, de uma equipe de passistas trabalhando na atividade do passe?*

DIVALDO: Sim. Certamente. O Centro Espírita é também um hospital de almas, onde o amor tem presença obrigatória, decorrente do conteúdo da Doutrina, que é essencialmente fundamentada na prática da caridade. O passe é transmissão de energias que o amor proporciona em nome de Jesus, que foi, na Terra, o maior Psicoterapeuta de que se tem notícia e que, não poucas vezes, se utilizou desse recurso, por diferentes métodos, para liberar os sofredores das cargas aflitivas que conduziam.

PÚBLICO: *Poderá o trabalhador iniciar as suas atividades espíritas diretamente em uma tarefa de passe?*

DIVALDO: Desde que se encontre em condições morais e doutrinárias para fazê-lo, não existe nenhum impedimento de outra ordem que lhe dificulte a ação do bem. Naturalmente, as condições de saúde são igualmente relevantes para o bom desempenho do ministério socorrista nesse tipo de atividade. Entretanto, os valores morais que exornam o caráter e o ser constituem, quando elevados, os verdadeiros recursos que podem ser transmitidos e de que se utilizam os benfeitores espirituais que se empenham no auxílio aos que socorrem, bem como àqueles que são atendidos.

PÚBLICO: *Deve o médium passista estudar o Espiritismo?*

DIVALDO: Sem o conhecimento do Espiritismo, o candidato a aplicar a bioenergia poderá transmitir os próprios recursos magnéticos e biopsíquicos de que seja portador.

Todavia, para bem sintonizar com as Forças Espirituais Superiores, tem necessidade de conhecer a Doutrina Espírita, a fim de melhor desempenhar a sua faculdade mediúnica, particularmente mediante os recursos curadores.

PÚBLIO: *Quais os cuidados que deve ter o coordenador dos trabalhos, quanto à inclusão de novos candidatos nas equipes de passes?*

DIVALDO: Sem considerar a boa vontade do candidato ao trabalho de socorro, tomar providências para que o mesmo se submeta a um pequeno e cuidadoso curso e treinamento de passes, de modo que possa realizar o labor de forma consciente e com espírito de abnegação.

10

A AJUDA DE DEUS

Divaldo Franco

Palestra pública na reunião do
Centro Espírita Caminho da redenção, em 18/10/94

Gostaríamos de contar como a Divindade nos ajuda, ao nos fazermos receptivos. Em belo artigo de
Seleções do Reader's Digest, o autor diz que todos
estamos sob o apoio da *mão* de Deus e conta algumas experiências que teve a oportunidade de anotar.

Dentre algumas:

A família havia recebido a visita de duas sobrinhas
pequenas. A mesma era constituída pelo casal e duas filhi-
nhas, e, ante a circunstância inesperada, resolveram que as
duas sobrinhas dormiriam no quarto das crianças: as filhas
num beliche e as sobrinhas noutro. Deitaram-se. Em dado
momento, a senhora teve a impressão de que uma das sobrinhas estava chorando na sala e, automaticamente, saltou da
cama, correu e acendeu a luz do quarto. Ali, ela percebeu
que estava tudo bem, mas chegou no justo momento em
que escutou um forte estalido no beliche superior. Então ela
correu, segurou-o e gritou pelo marido, que veio e amparou

o beliche que se arrebentava, evitando que caísse sobre a pequenina Rachel, de apenas dois anos, matando-a. A senhora começou a chorar e o marido lhe perguntou: —*"Você não confia em Deus? Como é que você acordou e veio exatamente aqui?"* Ela respondeu: — *"Porque eu ouvi o choro de uma das minhas sobrinhas aí na sala".* Ele disse: *"Mas ambas estão dormindo..., e a cena foi tão abençoada, que nem sequer as nossas filhas despertaram!".*

Realmente, só a proteção de Deus para um socorro dessa natureza, num momento de emergência como esse.

O autor narra outra experiência que aconteceu na Flórida:

Estavam num clube. Um excelente nadador subiu para saltar e, quando se preparava, no trampolim, olhando em volta, ele ouviu alguém gritar: *"Por favor, salvem a criança que está quase morta na piscina".* Ele olhou para baixo e viu uma criança no fundo da piscina como se estivesse morta. Saltou imediatamente, porém trouxe a ideia da indiferença das pessoas que olhavam a piscina, enquanto a senhora gritava desesperadamente, e não faziam nada. Ele mergulhou e retirou a criança que estava arroxeada, sem respirar. Começou a massageá-la, a insuflar-lhe os pulmões até que a criança tossiu, recuperando-se, e foi levada numa ambulância.

Passado aquele choque, ele perguntou às pessoas: — *"Mas que sociedade é essa? A senhora gritava: Salvem a criança que está morrendo dentro d'água, e vocês olhavam-na na mais absoluta indiferença! Como é isso?"* Mas as pessoas disseram: — *"Nós não entendemos o que ela falava; ela falava em espanhol."* — *"Como em espanhol? Eu a ouvi falar em inglês".* — *"Não, senhor, ela falava espanhol."*

Então foram até a senhora e perguntaram-lhe: – *"A senhora pediu socorro em que idioma?"*. Ela não entendeu. Chamaram alguém que falava espanhol para traduzir: – *"Em que idioma a senhora pediu socorro?"* Ela disse: – *"Em espanhol".* – *"Não foi em inglês?"* – *"Não, eu não falo inglês; não sei uma palavra em inglês".*

Mas ele ouviu o apelo em inglês!

O terceiro foi de um soldado no Vietnã.

No dia 2 de janeiro de 1962 ele foi destacado com uma patrulha para observar o acampamento dos vietcongues e adentrou-se com uma patrulha pelo bosque. Chegando a mais ou menos 500 metros do acampamento, percebeu uma grande movimentação de tropas, de veículos. Ele estava com um rádio às costas, ligou-o e, pelo telefone, pediu que lhe dessem instruções. Falou que estava havendo uma grande movimentação entre os adversários e que não sabia o que fazer. Então responderam de lá: – *"Deite-se e diga ao grupo para deitar-se que nós vamos bombardear".* Imediatamente o bombardeio caiu sobre o acampamento e, de repente, ele teve a sensação de que uma bomba caíra praticamente em cima dele. Foi jogado a distância, ficou aturdido e começou a sentir o sangue que lhe gotejava pela face. Então ele ligou novamente o rádio e perguntou: –*" O que é que eu faço? Estou ferido, estou ferido..."* E responderam-lhe: – *"Rasteje na direção oeste, onde estão os enfermeiros, rasteje na direção oeste, siga a nossa voz".* Ele começou a rastejar e desmaiou nas mãos dos enfermeiros. No hospital da base, o comandante foi perguntar-lhe como havia conseguido se comunicar. Ele disse: – *"Através do rádio. Graças a Deus o rádio não foi atingido."* – *"Como não?"* – Perguntou o comandante. – *"O estilhaço da granada caiu sobre o rádio e o incendiou. Aqui está".* E apresentou-lhe o rádio todo arrebentado e retorcido. O comandante continuou: — *"Nós ouvíamos a sua voz no ar, não sabíamos em que direção e começamos a gritar e a dizer-lhe o que deveria fazer."* Ele estava apenas a 5 quilômetros de distância.

Então era a *mão* de Deus. A *mão de Deus* está sempre em nossas vidas.

E concluiremos com a *mão de Deus* de natureza mediúnica.

O célebre Houdini realizou uma experiência marcante em sua vida, no Canadá. Ele se permitia algemar, com algumas dezenas de cadeados, ser colocado em sacos também com cadeados. Certa vez, ele pediu para ser jogado em pleno Rio São Lourenço. Abriram um buraco sobre o rio gelado e, então, desceram-no dentro de sacos sobre sacos, algemado. Jogaram-no dentro do rio e ele rapidamente se desvencilhou e saiu. Só que ele não contava com um detalhe: a correnteza do rio levou-o para um lugar distante do único orifício por onde ele poderia sair, e quando ele se libertou das algemas e dos cadeados e veio à tona, não encontrou o orifício de saída. Como a pedra de gelo torna-se um bloco acima da superfície da água, ele conseguiu inclinar o rosto para poder respirar e estava ali já quase sem suportar quando ouviu uma voz que o chamava no dialeto da Rússia: —*"Houdini, Houdini"*. E ele começou a nadar nessa direção. A voz vinha diretamente do orifício. Era a voz de sua mãe. Ele saiu, e quando chegou a casa, recebeu um telegrama avisando-o que sua mãe havia desencarnado horas antes. Ela, na condição da *mão de Deus*, havia ido socorrê-lo, para que ele pudesse dar esse depoimento ao mundo sobre a imortalidade da alma, ele que foi um tremendo perseguidor de médiuns e de charlatães, inclusive desmoralizando a esposa de Sir Arthur Conan Doyle, provando que ela mistificava.

Terapia pelos passes

Ele se tornou instrumento da própria mediunidade e confessou-o em um depoimento autobiográfico a que tivemos ocasião de assistir, num filme cinematográfico *(O grande Houdini)* com depoimento de sua própria esposa.

Nós estamos sob proteção de Deus. Nenhum mal nos pode fazer mal. Se nos vincularmos ao bem, o mal dos maus não nos atingirá. Dessa forma, em qualquer circunstância, elevemos o pensamento a Deus e abramo-nos, tornando-nos receptivos, e a Misericórdia de Deus preencherá os nossos imensos vazios, enriquecendo-nos com os tesouros da saúde, da luz, da paz e da plenitude.

11

Dados biográficos de Manoel Philomeno de Miranda

Mais conhecido como Philomeno de Miranda, foi, por muitos anos, destacado colaborador do Movimento Espírita da Bahia, culminando com a sua eleição para a Presidência da União Espírita Baiana, em substituição a José Petitinga, quando este retornou ao Plano espiritual, em 25 de março de 1939, em Salvador.

Manoel Philomeno Baptista de Miranda nasceu no dia 14 de novembro de 1876, em Jangada, Município do Conde, no Estado da Bahia. Foram seus pais Manoel Baptista de Miranda e D. Umbelina Maria da Conceição. Diplomou-se pela Escola Municipal da Bahia, hoje Faculdade de Ciências Econômicas da Universidade Federal da Bahia, colando grau na turma de 1910, como Bacharel em Comércio e Fazenda. Exerceu sua profissão

Projeto Manoel P. de Miranda / Divaldo Franco

com muita probidade, sendo um exemplo de operosidade no campo profissional. Ajudava sempre aqueles que o procuravam, pudessem ou não retribuir os seus serviços. Foi tão grande em sua conduta, como na modéstia. Debilitado por uma enfermidade pertinaz, em 1914, e tendo recorrido a diversos médicos, sem qualquer resultado positivo, foi curado pelo médium Saturnino Fávila, na cidade de Alagoinhas, com passes e água fluidificada, complementando a cura com alguns remédios da flora medicinal. Nessa época, indo a Salvador, conheceu José Petitinga, que o convidou a frequentar a União Espírita Baiana. A partir daí, Philomeno de Miranda interessou-se pelo estudo e prática do Espiritismo, tornando-se um dos mais firmes adeptos de seus ensinamentos. Fiel discípulo de Petitinga, foi autêntico diplomata no trato com o Movimento Espírita da Bahia, com capacidade para resolver todos os assuntos pertinentes às Casas Espíritas.

A serviço da Causa, visitava periodicamente as Sociedades Espíritas, da capital e do interior, procurando soluções para qualquer dificuldade. Delicado, educado, porém decidido na luta, não dava trégua aos ataques descabidos, arremetidos por religiosos e cientistas que tentavam destruir o trabalho dos espíritas. Mesmo modesto, não pôde impedir que suas atividades sobressaíssem nas diversas frentes de trabalho que empreendeu em favor da Doutrina. Na literatura escreveu *Resenha do Espiritismo na Bahia* e *Excertos que justificam o Espiritismo*, que publicou omitindo o próprio nome. Em resposta ao padre Huberto Rohden, publicou um opúsculo intitulado *Por que sou Espírita*. Dedicou-se com muito carinho às reuniões mediúnicas, especialmente às de desobsessão. Achava imprescindível que as Instituições

Terapia pelos passes

espíritas se preparassem convenientemente para o intercâmbio espiritual, sendo de bom alvitre que os trabalhadores das atividades desobsessivas se resguardassem ao máximo, na oração, na vigilância e no trabalho superior. Salientava a importância do trabalho da caridade, para se precaverem de sofrer ataques das Entidades que se sentem frustradas nos planos nefastos de perseguições.

REFERÊNCIAS BIBLIOGRÁFICAS

AME/SP. *Boletim Médico-Espírita* – 1985.

BUÉ, Alphonse. *Magnetismo curativo.* Paris: Chamuel Éditeur, 1894.

CARVALHO, A. César Perri de; MAGNO Filho, Osvaldo. *Entre a Matéria e o Espírito.* Editora O Clarim, 1990.

DELANNE, Gabriel. *O Espiritismo perante a Ciência.* Editora FEB, 1995.

_____. *A evolução anímica.* Editora FEB, 1989.

FRANCO, Divaldo P. e TEIXEIRA, J. Raul. *Diretrizes de segurança: um diálogo em torno das múltiplas questões da mediunidade.* 9. ed. Niterói: Fráter, 2002. 144 p.

_____. *À Luz do Espiritismo.* Pelo Espírito Vianna de Carvalho. 4. ed. Salvador: LEAL, 2000. 159 p.

_____. *Grilhões partidos.* Pelo Espírito Manoel Philomeno de Carvalho. 1. ed. Salvador: LEAL, 1974. 279 p.

_____. *Trigo de Deus.* Pelo Espírito Amélia Rodrigues. 3. ed. Salvador: LEAL, 1993. 140 p.

Projeto Manoel P. de Miranda / Divaldo Franco

_____. *Estudos espíritas.* Pelo Espírito Joanna de Ângelis. 8. ed. Rio de Janeiro: FEB, 2006. 192 p.

_____. *Ementário espírita.* Pelo Espírito Marco Prisco. 5. ed. Salvador: LEAL, 2015. 152 p.

_____. *Sementeira da fraternidade.* Ditado por diversos Espíritos. 1. ed. Salvador: LEAL, 1972. 228 p.

_____. *Elucidações psicológicas à luz do Espiritismo.* Pelo Espírito Joanna de Ângelis; organização de Geraldo Campetti Sobrinho; Paulo Ricardo A. Pedrosa. Salvador: LEAL, 2002. 397 p.

KARDEC, Allan. *A Gênese.* 53. ed. 1. imp. (Edição Histórica). Brasília: FEB, 2013. 409 p.

_____. *Obras Póstumas.* 40. ed. 3. reimp. Rio de Janeiro: FEB, 2010. 464 p.

_____. *O Livro dos Espíritos.* 93. ed. 1. reimp. (Edição Histórica) - Brasília: FEB, 2013. 526 p.

_____. *O Evangelho segundo o Espiritismo.* 131. ed. 1. imp. (Edição Histórica). Brasília: FEB, 2013. 410 p.

LEADBEATER, C. W. *Os chakras.* Editora Pensamento, 1995.

LÉON, Denis. *No invisível.* 26. ed. 1. imp. Brasília: FEB, 2014. 445 p.

Terapia pelos passes

LEX, Ary. *Do sistema nervoso à mediunidade.* Editora Feesp, 1997.

LOUREIRO, Carlos Bernardo. *O túnel e a luz.* Editora Mnêmio Túlio.

MARINUZZI, Raul. *Parapsicologia didática.* Editora Feira Bastos, 1977.

MEEK, George W. *Curas espirituais.* Rio de Janeiro: Editora Pensamento, 1977.

MELO, Jacob. *O passe.* Editora FEB, 1998.

PASTORINO. C. T. *Técnicas da mediunidade.* Editora Sabedoria, 1970.

WANTUIL, Zeus. *As mesas girantes e o Espiritismo.* Editora FEB, 1978.

XAVIER. Francisco Cândido. *Opinião espírita.* Editora FEB, 1973.

_____. *Nos domínios da mediunidade.* Pelo Espírito André Luiz. 31. ed. Rio de Janeiro: FEB, 2004. 328 p.

_____. *Evolução em dois mundos.* Pelo Espírito André Luiz. 22. ed. Rio de Janeiro: FEB, 2004. 280 p.

_____. *Mecanismos da mediunidade.* Editora FEB, 1973.

_____. *Missionários da luz.* Pelo Espírito André Luiz. 38. ed. Rio de Janeiro: FEB, 2004. 440 p.

Anotações

Anotações